하나님의 음성을 듣는 법

HOW TO LISTEN TO GOD
by Charles Stanley

Copyright ⓒ 1985 by Charles Stanley
Originally published in English under the title: How to Listen to God
by Oliver-Nelson,
a division of Thomas Nelson Inc.,
P. O. Box 141000, Nashville TN 37214-1000, U.S.A.

All rights reserved.

This Korean Edition Copyright ⓒ 1999 by Duranno Press, 95
Seobinggo-Dong, Yongsan-Gu, Seoul, Korea
This edition published by arrangement with Thomas Nelson Inc.

본 저작물의 한국어판 저작권은 Thomas Nelson Inc.와 독점 계약한 두란노서원에 있습니다. 신 저작권법에 의하여 한국 내에서 보호받는 저작물이므로 무단전재와 무단복제를 금합니다.

하나님의 음성을 듣는 법

지은이 | 찰스 스탠리
옮긴이 | 이미정
초판 발행 | 1987년 7월 20일
개정 1판 1쇄 | 2010년 10월 11일
개정 1판 27쇄 발행 | 2025. 6. 2.

등록번호 | 제3-203호
등록된 곳 | 서울특별시 용산구 서빙고동 95번지
발행처 | 사단법인 두란노서원
영업부 | 2078-3333 FAX 080-749-3705
출판부 | 2078-3444

▎책 값은 뒤표지에 있습니다.
  ISBN 978-89-531-1398-5   03230

▎독자의 의견을 기다립니다.
  tpress@duranno.com   http://www.Duranno.com

▎이 책의 본문은 개역개정 성경을 사용했습니다.

두란노서원은 바울 사도가 3차 전도여행 때 에베소에서 성령 받은 제자들을 따로 세워 하나님의 말씀으로 양육하던 장소입니다. 사도행전 19장 8-20절의 정신에 따라 첫째 목회자를 돕는 사역과 평신도를 훈련시키는 사역, 둘째 세계선교(TIM)와 문서선교(단행본·잡지) 사역, 셋째 예수문화 및 경배와 찬양 사역, 그리고 가정·상담 사역 등을 감당하고 있습니다. 1980년 12월 22일에 창립된 두란노서원은 주님 오실 때까지 이 사역들을 계속할 것입니다.

하나님의 음성을 듣는 법

찰스 스탠리 지음 | 이미정 옮김

차례

1 하나님은 지금도 말씀하고 계시는가? 6
   하나님께서 어떤 말씀을 하시는지 깨닫는 것은
   그리스도인의 삶에서 가장 값진 경험이다.

2 하나님께서 우리와 대화하고자 하시는 목적 24
   하나님의 말씀을 적극적으로 듣고 그 말씀에 따라 살아갈 때
   우리의 삶은 튼튼한 기초 위에 서게 된다.

3 하나님께서 우리의 주목을 끄시는 방법 40
   하나님께서는 우리들이 하나님의 음성에 둔해지지 않도록
   다양한 방법을 통해 우리의 주목을 끄신다.

4 하나님의 음성을 구별하는 방법 64
   누구나 하나님 앞에서 낮아짐으로써 하나님의 음성을 듣고
   하나님 앞에 나아갈 수 있다.

5 하나님과의 대화 내용을 결정하는 요소 84
   우리들이 하나님을 어떻게 이해하느냐에 따라
   하나님께서 들려주시는 음성이 달라진다.

6 하나님의 음성을 듣고 있는가? 102
분주한 삶 속에서 하나님의 음성을 듣기 위해서는 영적 안테나를
최대한 길게 뽑아 놓고 정신을 바짝 차려야 한다.

7 하나님 앞에 나와 앉으라 120
하나님은 모든 자녀들이 묵상을 통하여
하나님과 더욱 좋은 관계를 맺게 되기를 원하신다.

8 당신의 영적인 마음가짐 144
우리들은 항상 마음을 새롭게 하고 진리의 말씀
안에 깊이 뿌리를 내리는 삶을 살아야 한다.

9 하나님의 음성을 듣는 데 방해가 되는 것들 160
하나님께 귀를 기울일 때 어려웠던 문제들이 해결되고
깊은 상처들이 치유될 것이다.

10 듣는 것과 순종하는 것 178
하나님의 음성에 겸손히 응답할 때
우리는 하나님의 인도하심에 순종하는 삶을 살게 된다.

11 하나님의 음성을 듣는 삶 – 견고하게 건축되는 삶 198
하나님의 말씀을 듣고 순종하는 것이 폭풍 가운데서도
생존할 수 있는 유일한 방법이다.

How To Listen To GOD

하나님은 지금도 말씀하고 계시는가?

- 하나님께서 오늘날에도 말씀하시는 이유
- 구약과 신약 시대에 하나님께서 말씀하신 방법
- 오늘날 하나님께서 말씀하시는 방법

How To Listen To GOD

'하나님의 말씀을 듣는 방법'이야말로 우리들에게 가장 값진 교훈이라고 나는 확신한다.
복잡하고 자극적인 삶을 살아가고 있는 우리들에게 하나님의 말씀에 귀 기울이는 일보다
더 시급하고 필요하며 유익한 일은 없을 것이다.
하나님께서는 성경이 기록되던 시대와 똑같이
오늘날에도 말씀하고 계시며 우리들이 그 음성 듣기를 기다리신다.
그 음성을 듣게 되는 순간, 우리들의 삶은 가장 위대하고 흥분되는 놀라운 경험을 시작하게 될 것이다.

시편 81편은 하나님의 말씀을 듣지 않으려는 인간에 대한 슬픈 이야기를 노래하고 있다. 우리는 이 시편에서 이스라엘로 하여금 하나님의 말씀을 청종하게 하고 헌신하게 하고자 계속해서 인도하시는 애끓는 하나님의 심정과, 그럼에도 불구하고 계속적으로 거부하는 이스라엘을 보게 된다.

> 내 백성이여 들으라
> 내가 네게 증언하리라
> 이스라엘이여 내게 듣기를 원하노라
> 너희 중에 다른 신을 두지 말며
> 이방 신에게 절하지 말지어다
> 나는 너를 애굽 땅에서 인도하여 낸
> 여호와 네 하나님이니

네 입을 크게 열라
내가 채우리라 하였으나

내 백성이 내 소리를 듣지 아니하며
이스라엘이 나를 원하지 아니하였도다
그러므로 내가 그의 마음을 완악한 대로 버려 두어
그의 임의대로 행하게 하였도다

내 백성아 내 말을 들으라
이스라엘아 내 도를 따르라
그리하면 내가 속히 그들의 원수를 누르고
내 손을 돌려 그들의 대적들을 치리니(시 81:8-14).

"내 말을 들으라 내 음성을 들으라." 이스라엘을 향해 이렇게 말씀하시는 하나님의 심정이 생생하게 느껴질 것이다. 혹시 "주여, 당신은 제가 갈급하게 듣고자 하는 것을 말씀해 주신 적이 있습니까? 당신의 음성을 듣도록 권고하고 계십니까?"라고 질문하는 사람도 있을지 모른다. 그러나 사실 하나님께서는 우리들 각 사람에게 들려주시려는 특별한 말씀을 가지고 계시며 우리들을 향해 지금까지 수없이 그것을 말씀하고 계신다고 확신한다. 이러한 하나님의 말씀을 듣지 못하는 것은 우리들의 생활이 다른 일들로 인해 지나치게 분주하기 때문이다.

내게도 하나님의 일을 너무 열심히 하느라고 정작 하나님의 음성에는 귀를 기울이지 못했던 목회 시절이 있었다. 나는 일주일에 설교를 여섯 번이나 했고, 녹화하는 TV 프로그램도 두 가지가 있었으며, 여러 지역을 순회 방문하는 일도 잦았고, 책도 써야만 했다. 교회에서는 목사직뿐 아니라 규모가 큰 제직회와 당회를 (다른 일들과 함께) 관리하는 일도 맡고 있었다. 이 모든 일들로 동분서주하던 나는 결국 일주일 간 입원을 해야 될 지경에 이르렀고 그 후 석 달 간 정상적인 활동을 할 수가 없었다. 그 시절을 돌이켜 보면 하나님께서 육체적인 질병을 통하여 내가 하나님께 귀 기울이도록 하셨다는 사실을 알 수 있다. 하나님의 말씀을 듣지 않았기 때문에 더 이상 사역을 지탱할 수 없었던 것이다.

'하나님의 말씀을 듣는 방법'이야말로 우리들에게 가장 값진 교훈이라고 나는 확신한다. 복잡하고 자극적인 삶을 살아가고 있는 우리들에게 하나님의 말씀에 귀 기울이는 일보다 더 시급하고 필요하며 유익한 일은 없을 것이다. 하나님께서는 성경이 기록되던 시대와 똑같은 능력으로 오늘날에도 말씀하고 계시며 우리들이 그 음성을 듣기 원하신다. 그 음성을 듣게 되는 순간, 우리들의 삶은 가장 위대하고 흥분되는 놀라운 경험을 시작하게 될 것이다.

하나님께서 오늘날에도 말씀하시는 이유

"하나님, 무엇 때문에 오늘날 우리들에게 말씀하고자 하십니까? 창세기부터 요한계시록에 이르기까지 이미 충분히 말씀하지 않으셨습니까?"라고 질문하는 사람도 있을 것이다. 그러나 하나님께서 지금도 자신과 백성들 사이에 대화의 통로를 열어 놓으시는 데는 몇 가지 이유가 있다.

하나님께서 오늘날에도 말씀하시는 첫 번째 이유는, 무엇보다도 하나님께서 구약과 신약 시대의 사람들을 사랑하신 것처럼 우리들을 사랑하시기 때문이다.

하나님께서는 그들과 교제하신 것처럼 우리들과도 교제하기를 원하신다. 만약 하나님과 우리들의 관계가 일방통행의 형태이고 예수 그리스도와 우리들 사이에 교제와 대화가 없다면, 큰 사랑이 생길 수가 없다. 한 사람은 말하고 한 사람은 듣기만 해서는 참된 교제가 이뤄지지 못한다. 하나님께서는 서로 대화하는 사랑의 관계를 원하시기 때문에 오늘날에도 우리들에게 말씀하시는 것이다.

하나님께서 오늘날에도 말씀하시는 두 번째 이유는, 여호수아나 모세, 야곱이나 노아가 그러했던 것처럼 오늘날의 우리들에게도 삶을 이끄시는 하나님의 분명하고 세밀한 인도가 필요하기 때문이다.

우리는 하나님의 자녀들이므로 올바른 판단을 하기 위하여 하나님과 의논해야만 한다. 하나님은 우리가 바른 선택을 하기 원하시기 때문에 지금도 우리에게 말씀을 통해 참된 가르침을 주시며, 옳은 길로 인도하신다.

하나님께서 오늘날에도 말씀하시는 세 번째 이유는, 믿음의 조상들이 그러했듯이 우리들에게도 주님이 주시는 평안과 확신이 필요함을 아시기 때문이다.

우리들도 진퇴양난의 상황에서 갈 바를 알지 못해 두려움에 빠지는 홍해를 만나기도 하고 여호수아와 이스라엘 민족처럼 쓰라린 실패를 겪기도 한다. 하나님께서는 우리가 그러한 좌절과 마주할 때 하나님께서 주시는 확신과 믿음이 필요함을 아신다.

마지막으로 하나님께서 오늘날에도 여전히 말씀하고 계시는 가장 중요한 이유는 우리들이 하나님을 알게 되기를 원하시기 때문이다.

하나님께서 말씀하는 것을 멈추신다면 우리는 하나님이 과연 어떤 분이신지 알 수 없을 것이다. 하나님을 아는 일에 가장 큰 소망을 둘 때 우리는 일방통행의 신앙생활에서 벗어날 수 있다. 더 나아가 하나님께서 우리에게 말씀하시고 우리가 들으며, 우리가 하나님께 기도하고 하나님께서 들으시는 대화의 길이 열리게 된다.

구약과 신약 시대에 하나님께서 말씀하신 방법

하나님께서 지금도 말씀하고 계신다면 과연 어떤 방법을 통해 말씀하시는 것일까? 하나님께서 구약과 신약 시대에 자신을 계시하시던 다양한 방법들을 살펴봄으로써 그것을 알 수 있다.

첫째, 하나님께서는 직접적인 계시로 말씀하셨다.

하나님은 성령을 통하여 아브라함과 같은 사람의 영에게 말씀하셨다. 어느 날 아브라함은 그동안 살던 땅을 떠나 하나님이 보여 줄 땅으로 들어가라고 직접 명령하시는 하나님의 말씀을 들었다.

> 여호와께서 아브람에게 이르시되 너는 너의 고향과 친척과 아버지의 집을 떠나 내가 네게 보여 줄 땅으로 가라 내가 너로 큰 민족을 이루고 네게 복을 주어 네 이름을 창대하게 하리니 너는 복

이 될지라(창 12:1-2).

> 하나님을 아는 일에 가장 큰 소망을 둘 때 우리는 일방통행의 신앙생활에서 벗어날 수 있다. 그리고 하나님과 대화하는 길이 열리게 된다.

둘째, 하나님께서는 꿈을 통해 말씀하셨다.

연속적인 꿈을 통하여 세상의 운명을 다니엘에게 계시하신 것이 그 분명한 예이다. 다니엘은 이상(Vision)을 통해 장차 올 왕국을 보았다. 이러한 방법으로 하나님은 다니엘에게 오늘날까지도 전개되고 있는, 세상에서 일어날 사건들에 대한 엄청난 통찰력을 주셨다. 그러나 이것은 우리가 극히 조심해야 할 부분이기도 하다. 성경은 결코 꿈을 통하여 하나님의 뜻을 찾기 위해 애쓰라고 말하지 않았기 때문이다. 예를 들자면 나는 어느 토요일 밤, 주일날 나를 제외하고는 아무도 교회에 오지 않는 꿈을 꾼 적이 있다. 내가 그 꿈에 집착했더라면 나는 아마도 집에 눌러 앉아 잠만 잤을 것이다.

또한 하나님의 말씀은 우리에게 결코 이상을 통해 하나님의 뜻을 찾으라고 하지도 않았다. 어느 날 내 친구 중 한 명이 출장을 갔다가 비행기를 타고 집으로 돌아오면서 햇살이 구름을 통해 반사되어 십자가 모양이 된 것을 보았다. 그는 그 장면을 자신의 구원을 의미하는 것이라고 해석해 버렸다. 그러나 불행하게도 그것은 성경이 설명하고 있는 구원에 관계된 행위, 즉 고백이나 회개, 주 예수 그리스도를 믿는 믿음과는 아무런 관련이 없는 것이었다.

하나님께서 나에게 이상이나 꿈을 통해 말씀하신 적이 딱 한 번 있었는데, 그것은 내가 수주 동안 금식하면서 하나님의 뜻을 알고자 간절히 원하던 때였다. 나는 다소 영혼이 불안정했고 하나님께서 무엇인가를 하고 계심을 알았지만 그것이 정확하게 무엇인지는 깨닫지 못하고 있었다. 그러던 어느 날 밤 나는 깊은 절망으로 인해 하나님께 울부짖으며 하나님의 뜻을 보여 달라고 간구했다. 바로 그때 하나님께서는 뜻하지 않게 갑자기 그리고 빠르게 대답하셨다. "너는 다른 지역으로 거처를 옮기게 될 것이다." 순간적으로 나는 "그게 언제입니까?"라고 물었다. 내 마음속에 9월이란 단어가 섬광처럼 스치고 지나갔다. 그리고 단번에 마음의 근심과 동요가 사라졌다. 나는 더 이상 기도할 것이 없었다. 그해 9월에 나는 플로리다에서 애틀랜타로 이사를 했다. 하나님께서는 내가 이상이나 꿈을 보고자 하였기 때문이 아니라 하나님의 뜻을 알고자 하였기 때문에 하나님의 계시를 보여 주셨다. 그러나 하나님께서 그 일에 직접적으로 관여하고 계신다는 확신을 내게 준 것은 이상을 통해서였다.

셋째, 하나님께서는 모세에게 십계명을 주시고 자기 백성과 교통하시기 위하여 율법을 사용하셨듯이 기록된 말씀을 통해 이야기하셨다.

성경 시대에는 하나님께서 인간이 들을 수 있는 소리로 말씀하기도 하셨다. 다소의 사울이 다메섹이 있는 믿는 자들을 핍박하기 위해 가던 중 하나님의 음성을 들은 것이 그 예이다.

> 땅에 엎드려져 들으매 소리가 있어 이르시되 사울아 사울아 네가 어찌하여 나를 박해하느냐 하시거늘(행 9:4).

넷째, 하나님께서는 선지자를 통해 말씀하셨다.

믿음의 사람들은 선지자들의 외침이 하나님으로부터 직접 오는 말씀임을 알았기 때문에 이에 순종했다.

다섯째, 하나님께서는 환경을 통해 말씀하셨다.

하나님께서 기드온에게 자신의 뜻을 어떻게 계시하셨는가를 다시 한 번 생각해 보는 것이 좋겠다. 하나님께서는 기드온이 원수를 대적하여 이스라엘 민족을 이끌고 싸우기를 원하셨다. 그러나 기드온은 두려움 때문에 양털 한 뭉치를 타작마당에 펴 놓고 하나님의 뜻을 확인하기를 원했다. 그는 두 번 양털을 내놓았는데 첫날 아침에는 마른 땅 가운데 양털만 젖어 있기를 구했고, 이튿날 아침에는 젖은 땅 위에 양털이 보송보송 말라 있기를 구했다. 은혜의 하나님께서는 그러한 기드온에게 오셔서 확신과 믿음을 주셨다(삿 6:36-40).

여섯째, 마리아와 요셉에게 예수 그리스도의 탄생을 천사의 예언으로 계시하셨듯이 하나님께서는 천사를 통해 말씀하셨다.

일곱째, 하나님께서는 종종 성령을 통해 말씀하셨다.

우리는 바울이 아시아로 가던 중 하나님께서 성령을 통하여 그곳에 가지 못하게 하셨던 사건을 알고 있다.

> 성령이 아시아에서 말씀을 전하지 못하게 하시거늘 그들이 브루기아와 갈라디아 땅으로 다녀가 무시아 앞에 이르러 비두니아로 가고자 애쓰되 예수의 영이 허락하지 아니하시는지라(행 16:6-7).

오늘날 하나님께서 말씀하시는 방법

우리는 하나님께서 자신이 택한 백성에게 말씀하기 위해 사용하셨던 방법들을 보고 감격하는 한편, 현대를 사는 이 시대에도 우리의 영이 하나님과 직접적이고 의미 있는 대화를 나누기를 갈망하게 된다. 그리고 요한복음에서 우물가의 여인에게 말씀하시는 예수님처럼 복음을 증거할 수 있게 되기를 원한다.

> 너희는 알지 못하는 것을 예배하고 우리는 아는 것을 예배하노니 이는 구원이 유대인에게서 남이라(요 4:22).

하나님께서 지금도 우리와 교제하기 위하여 일하고 계시니 얼마나 감사한가. 하나님께서는 오늘을 사는 우리들에게 주로 4가지의 방법을 통해 자신을 계시하신다.

1. 하나님의 말씀

주님께서는 오늘날 우리에게 주로 성경을 통해서 말씀하신다. 사실 하나님께서는 이미 우리에게 성경을 통하여 완전한 계시를 주셨으므로 더 이상 무엇을 보탤 필요는 없다. 하나님의 계시는 하나님에 의하여, 하나님에 관하여 전개되고 있는 진리이다. 성경을 읽는 인간의 마음을 움직이는 분은 바로 성령이시며, 성경은 인간이 진리를 알도록 생기를 불어넣어 주신 하나님의 숨결이다.

그렇다. 우리는 하나님의 말씀인 성경을 통하여 그분의 음성을 가장 확실히 깨달을 수 있다. 그러므로 어려움을 당하거나 마음이 아플

때 괜히 이곳저곳 상담하러 다니기보다 먼저 성경으로 돌아가야만 한다.

물론 하나님의 말씀은 성경이 기록되던 당시의 사람들을 향해 쓰인 것이다. 즉 이사야는 유대를 향해, 바울은 고린도인들을 향해 하나님의 말씀을 썼다. 그러나 성경은 우리를 위하여 쓰인 것이기도 하다. 성경은 하나님께서 자기의 택한 모든 백성에게 주신 가르침이기 때문이다.

주님은 여호수아에게 다음과 같이 말씀하셨다.

> 오직 강하고 극히 담대하여 나의 종 모세가 네게 명령한 그 율법을 다 지켜 행하고 우로나 좌로나 치우치지 말라 그리하면 어디로 가든지 형통하리니 이 율법책을 네 입에서 떠나지 말게 하며 주야로 그것을 묵상하여 그 안에 기록된 대로 다 지켜 행하라 그리하면 네 길이 평탄하게 될 것이며 네가 형통하리라(수 1:7-8).

율법책이 하나님을 경외하는 삶을 살도록 여호수아를 인도하였던 것처럼 오늘날 성경은 우리들의 삶을 인도한다.

그렇다면 오늘날 믿는 자들에게 성경이 실제적으로 어떻게 작용하는가를 알아보도록 하자. 우리가 어떤 결정을 내리기 위해 기도하며 인도하심을 구할 때 우리는 하나님께서 성경 말씀을 통하여 가르치시고 우리의 길을 밝혀 주시기를 기도해야 한다. 우리가 어떤 필요가 생기거나 마음속에 결심한 바가 있어서 하나님의 말씀을 묵상할 때, 종종 하나님은 우리를 인도하셔서 우리가 염려하던 문제와 관련된 성경 구절을 만나게 하신다. 이때 그 성경 구절 자체가 우리의 특정한 경험을 직접 다루는 것일 수 있다. 또는 본문의 맥락 속에서 우리의 결정을 좌우할 원칙을 발견해 낼 수도 있다.

가끔 하나님께서는 우리에게 반복하여 같은 말씀을 보여 주실 때가 있다. 내가 택한 것이 아닌데 자기도 모르게 성경의 같은 부분을 계속 읽는 경험을 한 적이 있을 것이다.

나는 어떤 결정을 내려야 할 상황에서 하나님의 뜻을 알고자 성경을 읽었다. 그런데 약 3주 동안 계속해서 매일 아침 이사야 6장을 읽고 있는 나 자신을 발견했다. 3주째가 되어서야 나는 하나님께서 요구하시는 것을 내가 계속 거부하여 왔음을 깨닫게 되었다. 하나님께서는 내가 8절 말씀에서 떠나지 못하게 하셨다.

> 내가 또 주의 목소리를 들으니 주께서 이르시되 내가 누구를 보내며 누가 우리를 위하여 갈꼬 하시니 그때에 내가 이르되 내가 여기 있나이다 나를 보내소서 하였더니(사 6:8).

내가 하나님께 순종하겠다고 대답하자 비로소 아침 묵상에서 이사야 6장이 더 이상 떠오르지 않게 되었다. 하나님은 성경 말씀을 통하여 우리를 지도하고 권고하시며 도전과 평강과 확신을 주신다. 어려움을 당했을 때, 하나님께서 무엇이라 말씀하시는지 깨달을 때까지 그분의 말씀을 묵상하는 것이 그리스도인의 삶에서 가장 값진 경험이다.

2. 성령

하나님께서 오늘날 우리들에게 말씀하시는 두 번째 방법은 성령을 통해서이다. 사실 예수님께서 신약 시대에 말씀하신 주된 방법 또한 성령을 통한 것이었다. 오늘날 여전히 하나님께서는 우리 안에서 살아 움직이고 거하시며 우리를 지키시는 성령을 통하여 우리 영에게 말씀하고 계신다. 우리가 매일 성령과 동행하고 그 능력에 순종한다면 우리는 하나님께로부터 듣고자 하는 모든 음성을 들을 수 있을 것이다. 성령께서 우리 안에서 살아 움직이고 말씀하시는 것은 믿는 자들의 자연스럽고 일반적인 삶의 형태가 되어야 할 것이다. 우리는 성령님의 임재와 가르치심과 인도하심을 요구할 권리가 있다.

몇 년 전 우리 교회가 땅을 사기 위해 절차를 진행하고 있을 때의 일이다. 우리가 그 땅 주인을 만나러 가는 날 아침에 나는 다음과 같은 성경 말씀을 보게 되었다.

> 하나님이여 주의 도는 극히 거룩하시오니 하나님과 같이 위대하신 신이 누구오니이까 주는 기이한 일을 행하신 하나님이시라 민족들 중에 주의 능력을 알리시고(시 77:13-14).

그것은 바로 나에게 필요한 말씀이었다. 땅 주인과 대화하던 중 그는 "땅값으로 얼마를 생각하고 오셨나요?"라고 물었다. 바로 그때 성령께서 "대답하지 말라"고 내게 이르셨다. 그래서 나는 잠자코 있었다. 땅 주인은 계속 떠들었지만 난 한 마디도 하지 않았다. 결국 그는 자기가 값을 제안했고 그 가격이 적당했으므로 나는 동의했다. 성령

> 우리는 하나님께서 오늘날에도 믿는 자들에게 활발하게 하나님의 메시지를 전하고 계심을 깨달아야 하고, 그 말씀을 주의 깊게 들어야 한다.

께서는 나에게 매우 선명하고 확실하게 적절한 가르침을 주셨던 것이다. 결과는 하나님을 기쁘시게 하고 하나님의 일에 유익한 것이었다. 나는 하나님의 말씀인 성경과 성령은 현대의 믿는 자들을 향해 말씀하시는 하나님의 가장 주된 2가지 방법이라고 확신한다. 내가 여기서 성령께서 말씀하셨다고 한 것은 귀로 들을 수 있게 말씀하심을 의미한 것이 아니다. 하나님께서 자신의 뜻을 내 영과 마음에 감동으로 주시고 나는 속사람으로 이를 들었음을 뜻한다. 귀로 듣는 물리적인 소리가 아니더라도 그것은 매우 확실한 대화이다.

3. 다른 사람들

하나님께서 우리들에게 말씀하시는 세 번째 방법은 다른 사람을 통해서이다. 나는 오랫동안 병을 앓으면서 이 사실을 분명히 깨달았다. 어느 주일날 나는 몹시 아파서 갑작스레 입원을 하게 되었다. 처음 이틀 동안은 줄곧 잠만 잤고 사흘째 되는 날 비로소 아내와 대화할 수 있었다. 나는 하나님께서 무언가 나에게 보여 주실 것이 있음과 그것을 보기 위해서는 아내의 도움이 필요함을 느꼈다. 우리 부부는 매일 오후에 만나 얘기했다. 3주 동안 아내가 우리의 대화를 기록하면서 이야기를 나누었다. 3주쯤 되었을 때 아내는 우리의 대화를 적어 놓은 산더미 같은 종이를 들춰보면서 하나님께서 문제가 무엇인지 보여 주셨다고 말했다. 아내가 그것을 얘기해 주었을 때 내 삶의 문제가 분명히 보이기 시작했다. 하나님께서는 내 마음에 감동을 주셔서 입원해 있는 동안 내 인생을 처음부터 현재까지 되돌아보는 시간을 갖게 하신 것이다.

하나님은 아내를 통해 말씀하셨고 내 목회 생활에 극적인 변화를 일으켜 주셨다. 그 음성을 듣지 못했다면 나는 아마 큰 축복을 놓치고 말았을 것이다. 사실 우리가 가장 귀 기울여야 할 사람은 일상생활을 같이하며 함께 사는 사람들이다. 하나님께서는 종종 우리를 가장 사랑하고 우리를 위해 기도하는 사람들을 우리들에게 하나님을 계시하는 도구로 사용하신다. 그들이 무심코 지나가며 하는 말 한마디에서 매우 중요한 인생의 진리를 얻을 수도 있다.

우리가 말할 때에 조심하여야 하는 것도 바로 이러한 이유 때문이다. 우리가 하나님의 말씀을 전하는 도구로 사용될 수 있다는 사실을 깨닫는다면 우리는 주의 깊게 자신의 대화를 검토해야만 할 것이다. 하나님께서 우리를 통해 누군가에게 말씀을 전하시려고 할 때, 날씨나 축구 경기 등에 관한 잡담이 하나님의 말씀을 훼손시킬 수도 있음을 알아야 한다. 그러므로 우리는 항상 깨어 있어 하나님의 음성에 전심으로 귀를 기울여야 할 것이다.

4. 환경

하나님께서 우리에게 말씀을 들려주시는 네 번째 방법은 환경을 통해서이다. 내가 병원에 입원하였던 수주일은 하나님께서 내가 하나님의 말씀을 들을 수 있도록 계획하고 준비하신 기간이었다. 그러한 환경은 여러 가지 형태로 나타날 수 있다. 어떤 때는 실패의 상황으로 나타나고 어떤 때는 성공의 상황으로 나타난다. 또 어떤 때는 실망과 비극으로 나타나기도 한다. 그러나 하나님은 이 모든 삶의 환경을 통해 우리에게 말씀하신다.

미국 중서부 지방에서 목회할 때 한 형제를 여러 달 동안 전도한 일이 있다. 그는 복음에 전혀 관심이 없는 사람이었다. 어느 날 오후, 알고 지내던 경찰관이 찾아와 한 가정에 사고가 났으니 함께 가자고 청했다. 그런데 이게 웬일인가. 가서 보니 그 집은 내가 여러 달 동안 전도하던 바로 그 형제의 집이었다. 집안으로 들어가면서 경찰관은 내게 "끔찍한 광경을 보게 될 겁니다. 목사님이 꼭 도와주셔야 합니다"라는 말로 마음에 준비시켰다. 안에 들어가 보니 열두 살짜리 소년이 피범벅이 된 채 쓰러져 있었다. 소년은 12구경 산탄총(사냥할 때 사용하는 총)을 자신의 가슴에 겨누고 옷걸이를 사용해 방아쇠를 당겨 자살한 것이었다. 소년은 "사랑하는 엄마, 아빠. 난 내가 죽으면 지옥과 천국 중 어디로 갈지 참 궁금했어요. 그래서 직접 죽어서 가 보기로 했어요"라는 쪽지를 남겨 놓고 세상을 떠났다. 나는 그 소년의 아버지가 집에 도착할 때까지 기다렸다가 사건의 전말을 설명해 주었다. 그는 "으악!" 하고 외마디 비명을 지르며 울부짖었다. 2주 후에 그는 우리 교회에 나왔고 예수 그리스도를 자신의 구주로 영접하였다. 그러나 그 구원은 아들의 생명이라는 값비싼 대가를 치르고 얻은 것이었다.

이처럼 하나님께서는 오늘날 우리들에게 말씀하시기 위해 4가지의 기본적인 방법을 사용하신다. 첫째, 성경을 통하여 둘째, 성령을 통하여 셋째, 다른 믿음의 사람들을 통하여 넷째, 환경을 통하여 하나님은 말씀하신다. 이제 우리는 하나님께서 오늘날에도 믿는 자들에게 활발하게 하나님의 메시지를 전하고 계심을 깨달아야 하고, 그 말씀을 주의 깊게 들어야 한다. "내가 하나님 여호와께서 하실 말씀을 들으리니"(시 85:8)라는 다윗의 고백처럼 하나님께서 말씀하실 때 우리들은 들어야만 한다.

하나님께서 우리와 대화하고자 하시는 목적

- 진리를 이해하는 자
- 듣는 자세: 소극적인 자세와 적극적인 자세
- 진리에 의해 변화되는 자
- 진리를 전하는 자

How To Listen To GOD

하나님께서는 우리가 하나님의 위대하심과 거룩하심과 전능하심.
그리고 사랑과 자비에 대하여 이야기하는 것만으로 그치는 것이 아니라
그분의 뜻을 완전히 이해하게 되기를 원하신다.
또한 우리들 모두가 하나님의 영원한 계획 속에 포함된 귀한 존재들이며.
한 사람 한 사람의 개성이 매우 소중한 것임을 깨닫기 원하신다.
그리고 무엇보다도 우리들이 그리스도 안에 있는 자신의 위치와 특권을 깨닫기 원하신다.

하나님께서는 우리들이 명심해야 할 가치가 있는 중요한 것만을 말씀하신다. 결코 잡담이나 사족을 달지 않으신다. 언제나 요점만을 정확하고 간결하게 말씀하신다.

하나님께서 이렇게 명백하게 말씀하시는 이유는 우리 각자에게 특정한 목적을 가지고 계시기 때문이다. 그러므로 우리를 향해 말씀하시는 목적이 무엇인지를 깨닫는 것은 매우 중요하다. 내 목회 경험으로 볼 때, 하나님께서 우리와 교통하시려는 목적을 다음 3가지로 압축해 볼 수 있다.

진리를 이해하는 자

하나님께서 우리에게 말씀하시는 첫 번째 목적은 우리로 하여금 진리를 알게 하는 데 있다.

하나님께서는 우리들이 하나님의 말씀을 완전히 이해하기를 바라고 계신다. 우리가 아는 말이 한국어밖에 없는 경우에 하나님께서는 결코 히브리어나 러시아어 혹은 중국어로 대화하고자 하시지 않는다. 가끔 하나님의 음성이 잘 분별되지 않을 때가 있는데, 그것은 하나님께서 명확하시지 않기 때문이 아니라 우리 삶 속에서 무엇인가가 하나님의 음성을 분명히 들을 수 없도록 방해하고 있기 때문이다.

하나님께서는 모든 믿는 자들에게 진리를 받아들이고 이해하도록 도우시는 거룩한 분을 주셨다. 고린도전서 2장 9절에서 바울을 통하여 다음과 같이 말씀하신 것을 볼 수 있다. "기록된 바 하나님이 자기를 사랑하는 자들을 위하여 예비하신 모든 것은 눈으로 보지 못하고 귀로 듣지 못하고 사람의 마음으로 생각하지도 못하였다 함과 같으니라." 얼핏 보기에 이것은 이해할 수 없는 말씀이다. 그래서 바울은 10절에서 이것을 좀 더 자세히 설명하였다. "오직 하나님이 성령으로 이것을 우리에게 보이셨으니 성령은 모든 것 곧 하나님의 깊은 것까지도 통달하시느니라."

그러므로 믿는 자들에게는 성령께서 거하고 계신다. 그분은 하나님의 뜻을 완전히 알고 계시며 우리에게 들려주고자 하시는 진리를 받아 우리 영에게 전달해 주신다. 우리는 하나님을 떠나고자 하는 본성을 가지고 태어났지만 그리스도를 구주로 영접하는 그 순간, 성령께서 우리 안에 임하셔서 하나님에 관한 진리를 증거하고 가르쳐 주신다.

고린도전서 2장 12절에서 바울은 이것에 관하여 다음과 같이 분명히 말하고 있다. "우리가 세상의 영을 받지 아니하고 오직 하나님으로부터 온 영을 받았으니 이는 우리로 하여금 하나님께서 우리에게 은혜로 주신 것들을 알게 하려 하심이라."

'알다'의 뜻으로 번역된 헬라어 동사 '오이다(οἶδα)'는 지식의 충만함을 의미한다. 성령이 없는 자는 타락한 본성 때문에 영적인 사실들을 이해할 수 없다(고전 2:14). 믿지 않는 자들은 자신이 이끄는 삶에만 파묻혀 있기 때문에 하나님의 일들을 전혀 이해할 수 없는 것이다.

하나님께서는 우리가 3가지 영역을 이해하게 되기를 원하신다.

첫째, 진리의 인도하심을 따라 하나님에 관한 진리를 깨닫게 되기를 원하신다.

우리가 하나님의 위대하심과 거룩하심과 전능하심, 그리고 사랑과 자비에 대하여 이야기하는 것만으로 그치는 것이 아니라 그분의 뜻을 완전히 이해하게 되기를 원하신다. 하나님께서 자신의 사람들에게 주신 이러한 능력 있는 진리들을 이해하게 될 때 우리는 부유해지고 힘과 능력을 얻게 될 것이다.

사도 바울의 삶은 참으로 고난의 연속이었다. 그는 돌팔매질당하고 매 맞고 난파당하고 시샘당하고 박대당하고 옥에 갇히고 천대받는 삶을 감당해야 했다. 2천 년이 지난 오늘날까지도 아마 그보다 더 파란만장한 인생을 경험한 사람은 없을 것이다. 결코 격려할 만한 것이 없어 보이는 그러한 삶 가운데서도 바울은 자신의 인생의 궁극적인 목적은 '하나님을 아는 것'이라고 고백했고 실제로도 그러한 삶을 살았다.

바울의 생애는 하나님을 아는 지식으로 충만했다. 바울은 빌립보 감옥에서 자신을 구하시고 옥중에서 위로를 주시며 수치스러웠던 과거를 용서하시고 멜리데 섬에서 치유의 은혜를 베푸시고 선교의 발걸음을 인도하시는 예수 그리스도를 알고 있었던 것이다. 바울은 어떠한 대가를 치르고라도 자신을 알리고자 하시는 예수 그리스도의 인격과 성품을 깨달았다.

둘째, 하나님께서는 우리들 각자가 자기 자신에 관한 진리를 알게 되기를 원하신다.

우리들 모두가 하나님의 영원한 계획 속에 포함된 귀한 존재들이며, 가끔 성가시게 느껴지는 한 사람 한 사람의 개성까지도 매우 소중한 것임을 깨닫기 원하신다. 그리고 무엇보다도 우리들이 그리스도 안에 있는 자신의 위치와 특권을 깨닫기 원하신다.

믿는 자들 중에서 너무나 많은 사람이 그리스도 안에 거하는 진리를 알지 못하고 있다. 우리가 성령에 의해 거듭나는 순간부터 성령께서는 우리 안에 영원히 거하시며 그 사랑의 다스림이 우리를 그리스도 안에 살게 한다.

> 너희는 하나님으로부터 나서 그리스도 예수 안에 있고(고전 1:30).

우리는 그리스도와 하나가 되었으므로 그의 거룩한 특권들을 누릴 수 있다. 그리스도와 연합되었으므로 그의 의로우심을 덧입게 되었고 그 지혜와 신성을 경험할 수 있게 된 것이다.

대학 졸업장이 그에 따르는 명예와 특권을 부여해 주듯이, 어린 양의 생명책에 우리들의 이름이 기록됨으로 말미암아 하나님의 자비하심으로 그 자녀가 된 우리들에게는 모든 영광스런 특권과 지위가 주어진다.

셋째, 하나님께서는 우리들이 다른 사람들에 관한 진리를 알게 되기를 원하신다.

다른 사람들을 세상적인 관점에서 보는 것이 아니라 하나님의 창조물로 여기게 되기를 원하시는 것이다.

한 예로서 내 인생에서 가장 고통스러웠던 시절의 경험을 이야기하고자 한다. 더 이상 아무것도 남은 것이 없다고 느낄 정도로 하나님께서 나에게 시련과 연단을 주셨던 적이 있었다. 그때 스태프 멤버 중 한 사람이었던(지금도 마찬가지임) 친구가 그 고통의 골짜기에서 빠져나올 수 있도록 나를 도와주었다.

나는 그 친구가 베풀어 준 조건 없는 사랑을 잊을 수가 없다. 나 자신과의 싸움에서 쌓인 지친 감정을 때로는 그 친구에게 폭발시키기도 했지만, 그는 결코 그런 나를 나무라지 않았고 오히려 이해하고 도와주려고 했다. 그는 내게 조금도 실망하거나 싫어하는 기색을 보이지 않았고 윽박지르는 자세로 충고한 적도 없었다. 내 속에 있는 어떤 생각을 털어놓아도 사랑으로 다 받아주었다. 그리고 내가 필요할 때마다 항상 옆에 있어 주었다. 함께 울고, 함께 기도하며, 함께 웃어 주었고, 항상 참을성 있게 내 말에 귀를 기울여 주었다. 그의 흔들리지 않는 사랑을 통해 우리는 깊은 우정으로 하나가 되었고 이러한 우정을 통해 나는 하나님과 가까워질 수 있었다.

하나님의 인격을 깨닫고 자신과 이웃에 관한 진리를 잘 이해하게 될 때에 비로소 우리는 좋은 열매를 맺을 수 있는 청지기로서의 준비를 갖추게 된다.

듣는 자세: 소극적인 자세와 적극적인 자세

듣는 자의 태도는 소극적인 자세와 적극적인 자세 두 가지로 나누어 볼 수 있다. 적극적인 태도를 가진 사람은 하나님께서 말씀하시는 것을 알고자 열심히 찾으면서 하나님 앞에 나아오지만 소극적인 태도를 가진 사람은 그렇지 못하다. 적극적인 태도를 가진 사람은 설교 시간이나 성경 공부 시간에 열린 마음과 귀를 가지고 열심히 듣고 기록하며, 혼자 묵상하는 시간에도 하나님의 뜻을 향한 통찰로 공책을 꽉 채우게 될 것이다. 그러한 사람은 항상 말씀을 탐구하고 찾으면서 이전에 들었던 말씀과 현재의 말씀을 비교하여 하나님의 음성에 민감하게 반응하고 그것을 어떻게 자신의 삶 속에 적용할 것인가를 끊임없이 고민할 것이다. "베뢰아에 있는 사람들은 데살로니가에 있는 사람들보다 더 너그러워서 간절한 마음으로 말씀을 받고 이것이 그러한가 하여 날마다 성경을 상고하므로"(행 17:11)라는 말씀에서 적극적인 믿음의 태도를 엿볼 수 있다. 하나님의 말씀은 열정을 가지고 집중해서 들어야 한다. 나태한 자세로 말씀을 들을 때는 깊이 깨달을 수 없고 표면적인 뜻만을 맛보게 되기 때문이다.

> 하나님의 말씀은 열정을 가지고 집중해서 들어야 한다. 나태한 자세로 말씀을 들을 때는 깊이 깨달을 수 없고 표면적인 뜻만을 맛보게 되기 때문이다.

오늘날 그리스도인들의 문제점 중 하나는 무수히 많은 사람이 오랫동안 소극적인 자세로 하나님의 말씀을 들어 왔다는 사실이다. 40여 년씩이나 오랜 믿음 생활을 한 사람들이 성경 공부를 지도할 수 없는 이유가 바로 여기에 있다. 그렇다면 이들은 40년 동안 어떠한 세계에 속해 있었다고 보아야 할 것인가?

우리는 인간의 말이 아닌 하나님의 말씀을 듣기 위해 교회에 가고 책을 읽고 라디오를 듣기도 하며 세미나에 참석하기도 한다. 사실 인간은 할 말이 그리 많지 않다. 그러나 하나님께서 그 종을 통하여 말씀을 전하실 때는 적극적인 자세로 들어야 한다. 소극적인 자세를 가진 자는 예배나 성경 공부에 참석하긴 하지만 하나님께서 말씀하시는 것이 무엇인지를 깊이 생각해 보지 않는다. 듣는 작업을 제대로 하지 못하는 것이다. 만약 하나님께서 나에게 '사랑하는 찰스에게 여호와 하나님이'라고 적힌 편지를 보내신다면, 그것을 한쪽에 팽개쳐 두었다가 저녁 뉴스가 끝난 후에나 읽어 보겠는가? 물론 아니다. 경건한 마음으로 편지를 열어 한 줄 한 줄, 한 자 한 자 주의 깊게 읽어 보고, 다 읽은 후에도 다시 처음부터 읽고 또 읽고 할 것이다. 그 편지를 서랍 속에 소중히 보관할 뿐만 아니라 늘 하나님이 주신 메시지로 마음속에 간직할 것이다.

우리들은 성경이 바로 그러한 편지임을 알고 있다. 성경을 통하여 말씀하시는 하나님의 음성을 열심히 들어야 한다. 왜냐하면 그것이 바로 우리를 하나님의 형상대로 빚는 진리이기 때문이다. 만약 하나님께서 환경이나 친구를 통하여 말씀하신다면 하나님의 뜻을 깨닫기 위해 세밀한 주의를 기울여야 한다. 각 영에게 주시는 메시지가 다르기 때문이다.

나는 그동안 어떤 특정한 주제에 대한 시리즈 설교가 끝난 후에 사람들이 찾아와 하나님의 말씀이 그들의 삶을 바꾸어 놓았음을 고백하고 하나님께 감사하는 경우를 많이 겪었다. 그들은 "이제 정말 새로운 각도에서 하나님을 만나게 되었습니다", "하나님께서 이 모습

그대로 나를 받아 주심을 알았습니다", "십자가가 구원을 이루기에 충분함을 깨달았습니다"라고 고백한다. 소극적인 자세에서 적극적인 자세로 듣는 태도를 바꾸었을 때 그들의 전 생애가 변화되는 놀라운 결과가 일어난 것이다.

> 그러므로 누구든지 나의 이 말을 듣고 행하는 자는 그 집을 반석 위에 지은 지혜로운 사람 같으리니 (마 7:24).

하나님의 말씀을 적극적으로 듣고 그 말씀에 따라 살아갈 때에 우리의 삶은 튼튼한 기초 위에 세워지게 된다. 그러나 그러한 자세로 살지 않으면 성긴 모래 위에 흔들리는 삶을 세우는 결과를 가져온다.

진리에 의해 변화되는 자

하나님께서 우리와 대화하고자 하시는 두 번째 목적은 우리로 하여금 진리를 따르게 하기 위함이다.

로마서 8장 29절에서 바울은 하나님께서 그 아들의 형상을 본받게 하고자 우리를 미리 정하셨다고 기록하였다. "하나님이 미리 아신 자들을 또한 그 아들의 형상을 본받게 하기 위하여 미리 정하셨으니 이는 그로 많은 형제 중에서 맏아들이 되게 하려 하심이니라."

하나님의 진리를 알게 될 때 우리가 할 수 있는 일은 두 가지이다. 즉 하나님의 형상대로 빚어지는 것을 거부하거나 혹은 이에 순종하는 것이다.

"어떻게 진리가 우리들을 자유롭게 할 수 있는가?"라는 주제를 놓고 하나님께서 나의 마음 가운데 역사하심을 느끼면서 몇 주 동안 계속 설교했던 적이 있다. 설교가 거듭될수록 차츰 사람들이 와서 다음과 같이 고백하기 시작했다. "하나님께서 저를 자유롭게 해주셨어요." "지난주 말씀이 저의 삶을 변화시켰답니다." 교인들과 헤어지면서 나는 나 자신에 대하여 생각해 보았다. "하나님 저는 어떻게 된 것입니까? 저는 그들에게 당신의 말씀을 전한 자입니다. 그들과 자유를 얻는 방법을 나누었지만 정작 제가 당신께서 원하시는 것만큼 자유롭지 못한 자임을 알고 있습니다." 그 후 몇 달이 지난 뒤 하나님께서는 나의 삶도 놀라울 만큼 변화시켜 주셨다.

진리를 따라 빚어지고 진리와 하나가 되기 위해서는 진리를 이해해야 하고, 진리를 이해하기 위해서는 말씀을 들어야 한다. 하나님께서 우리를 즐겁게 하기 위하여 말씀하시는 것이 결코 아니다. 예수 그리스도를 본받게 하기 위하여 말씀하시는 것이다. 하나님께서는 우리들이 예수님처럼 될 수 있다고 말씀하신다.

> 누구든지 말씀을 듣고 행하지 아니하면 그는 거울로 자기의 생긴 얼굴을 보는 사람과 같아서 제 자신을 보고 가서 그 모습이 어떠했는지를 곧 잊어버리거니와(약 1:23-24).

하나님의 말씀을 듣는 것으로 그치지 말고 그 말씀에 순종해야 하며 말씀을 읽고 지나칠 것이 아니라 깊이 묵상해야 한다. 우리는 누구나 하나님의 진리를 거부하거나 혹은 그 진리에 의해 하나님의 형상대로 빚어지는 두 가지 과정 중 하나에 속해 있다.

사도 바울의 영적 자녀 디모데는 진리를 따라 변화된 인물의 좋은 예이다. 바울과 함께 몇 년을 지낸 디모데는 에베소와 소아시아의 선교 사역을 맡게 된다. 바울이 처음으로 그에게 쓴 서신은 이러한 배경 속에서 나온 것이다.

> 하나님의 말씀을 듣는 것으로 그치지 말고 그 말씀에 순종해야 하며 말씀을 읽고 지나칠 것이 아니라 깊이 묵상해야 한다.

> 너는 이것들을 명하고 가르치라 누구든지 네 연소함을 업신여기지 못하게 하고 오직 말과 행실과 사랑과 믿음과 정절에 있어서 믿는 자에게 본이 되어(딤전 4:11-12).

또 그의 두 번째 서신에서 바울은 다음과 같이 말했다.

> 이는 네 속에 거짓이 없는 믿음이 있음을 생각함이라 이 믿음은 먼저 네 외조모 로이스와 네 어머니 유니게 속에 있더니 네 속에도 있는 줄을 확신하노라(딤후 1:5).

디모데는 진리를 깨달았을 뿐 아니라 진리에 의해 변화되어 삶 전체를 거룩하게 하나님 앞에 드리는 본을 보여 주었다. 이는 하나님의 말씀이 역사하실 때에만 가능한 일이다.

바울은 디모데후서 3장 14-15절에서 다음과 같이 설명했다. "그러나 너는 배우고 확신한 일에 거하라 너는 네가 누구에게서 배운 것을 알며 또 어려서부터 성경을 알았나니 성경은 능히 너로 하여금 그리스도 예수 안에 있는 믿음으로 말미암아 구원에 이르는 지혜가 있게 하느니라."

진리를 전하는 자

하나님께서 말씀하고 계시는 세 번째 목적은 우리로 하여금 하나님의 진리를 전하게 하는 데 있다.

하나님께서 주신 모든 것은 가령 그것이 돈이건 통찰력이건 진리이건 간에 결코 우리 자신만을 위해 주신 것이 아니다. 함께 나누라고 주신 것이다. 예수님께서는 마태복음 28장 19-20절의 대위임령(The Great Commission)을 통해 다음과 같이 말씀하셨다. "그러므로 너희는 가서 모든 민족을 제자로 삼아 아버지와 아들과 성령의 이름으로 세례를 베풀고 내가 너희에게 분부한 모든 것을 가르쳐 지키게 하라 볼지어다 내가 세상 끝날까지 너희와 항상 함께 있으리라 하시니라."

또한 예수님께서는 자신의 승천을 지켜 본 자들에게 다음과 같이 선포하셨다.

> 오직 성령이 너희에게 임하시면 너희가 권능을 받고 예루살렘과 온 유대와 사마리아와 땅 끝까지 이르러 내 증인이 되리라 하시니라(행 1:8).

예수님께서는 자신이 제자들에게 지난 3년 동안 가르친 진리는 결코 제자들만 갖고 있어서는 안 되며 그들이 받았던 모든 것을 나누어 주어야 함을 명백하게 깨우쳐 주셨던 것이다.

디모데후서 2장 2절에서 바울은 그의 젊은 제자 디모데에게 다음과 같이 권면하고 있다. "또 네가 많은 증인 앞에서 내게 들은 바를 충성된 사람들에게 부탁하라 그들이 또 다른 사람들을 가르칠 수 있으리라." 디모데는 바울에게서 배운 진리를 또다시 그것을 전파할 수 있는 다른 사람에게 전해야 할 책임을 맡았던 것이다.

바울은 고린도후서 5장 20절에서 우리들은 "그리스도를 대신한 사신"이라고 지적한 바 있다. 사신의 유일한 목적은 윗사람의 정책과 결정을 자신이 할당받은 지역의 사람들에게 그대로 전하는 것이다. 그러므로 우리는 다른 사람들에게 우리 주님의 거룩하신 계획과 성경의 방침을 선포해야 할 의무가 있다.

우리들은 모두 깨어 있는 순간순간마다 우리가 말하는 것으로써 혹은 말하지 않는 것으로써 그리고 우리가 행한 것들 혹은 행하지 못한 것들로써 무엇인가를 전하게 된다. 가령 아들이 아버지에 "아버지, 이번 주에 십일조를 얼마나 하실 거예요?"라고 물었을 때, 그 아버지가 "이번 주엔 십일조를 하지 않을 거다. 그럴 여유가 없어. 나갈 돈이 너무 많단다. 그래서 십일조로 낼 돈이 없어"라고 대답했다고 가정해 보자. 그 아버지는 아들에게 진리를 거스르는 말을 하고 있는 것이다. 노골적으로 표현하지 않았을 뿐, 그는 자기 아들에게 돈 문제에 있어서 하나님을 믿을 수 없고, 하나님은 우리의 모든 필요를 채우실 수 없는 분이며, 십일조에 관한 약속을 잘 지키시지 않는 분이라고 말하고 있는 것이다. 또 성경을 읽지 않는 아버지는 자신이 똑똑해서 하나님의 가르침 없이도 충분히 혼자 결정을 내릴 수 있다는 것을 은연중에 보여 주게 된다. 즉 하나님으로부터 오는 지혜와 충고 없이도 잘살 수 있다고 가족들에게 가르치고 있는 것이다. 기도하지 않는 부모 밑에서 자란 자녀는 하나님과의 관계는 불필요하고, 인생의 중요한 문제를 하나님께 물어볼 필요가 없으며, 어려움과 도전들도 하나님의 인도하심 없이 스스로 헤쳐 나갈 수 있다는 그릇된 태도를 배우게 된다.

반면에 "하나님께서 우리가 좀 더 헌금하기를 원하시는구나. 우리 하나님은 꼭 필요한 돈을 공급해 주시고 우리의 필요를 채워 주시는 분임을 믿어야지"라고 말하는 아버지도 있다. 이러한 말은 우리들이 인생의 모든 면에서 하나님 아버지께 의지할 수 있으며 하나님께서 우리를 위하여 일하고 계시고 우리의 모든 문제를 해결하기에 충분한 분이심을 깨닫게 한다.

어떤 때는 침묵을 지킴으로써 미묘하게 무엇인가를 말할 수도 있다. 사도 베드로의 경우를 보자. 베드로는 이방인도 하나님의 은혜를 마땅히 받을 수 있는 자라는 것을 알았지만 이방인이 함께 식사하는 자리에 앉으면 그때마다 자리를 피하였다. 유대인들로부터 오는 압력이 그에게 영향을 미쳤던 것이다.

그 문제에 대하여 베드로가 드러내 놓고 이야기한 적은 없었지만 그의 행동이 금방 유대인들에게 드러나 "바나바도 그들의 외식에 유혹되는"(갈 2:13) 결과를 낳았다. 비록 한마디의 말도 하지 않았으나 베드로의 행동 전체가 주위 사람들에게 이방인은 천한 자들이라는 인식을 갖게 만든 것이다.

  이제 하나님께서 우리에게 전하신 말씀에 대해 어떤 태도로 응답했는가를 다음과 같은 관점에서 각자 정직하게 평가해 보도록 하자. 먼저 하나님께서 여러 해 동안 은혜로 우리에게 가르치신 진리들을 마음에 두고 일상생활에서 잘 적용하였는가? 또 진리를 깨달았을 때 그리스도의 형상대로 변화되는 삶을 살았는가? 그리고 이러한 진리를 이웃에게 전하였는가?

How To Listen To God

하나님께서 우리의 주목을 끄시는 방법

- 영혼이 불안함을 느낄 때
- 다른 사람을 통해서
- 뜻밖의 축복
- 응답되지 않는 기도
- 실망과 좌절 속에서
- 특수한 환경

How To Listen To GOD

성령 안에 거하는 하나님의 자녀는 생활 가운데 일어나는 하나하나의 모든 사건들 속에서
전능하신 하나님의 작품과 발자취와 손길을 찾아내야 한다.
하나님은 우리를 다스리시는 분이요 우리는 그의 자녀이다.
그러한 하나님의 자녀의 삶에는 우연이란 있을 수 없다.
믿는 자들에게는 하나님께서 허락하신 일들과 보내 주신 것들,
그리고 그들의 관심을 일깨우기 위하여 하나님께서 그들의 삶 가운데 일으키신 일들만이 있을 뿐
결코 우연이란 있을 수 없다.

사람들은 제2차 세계 대전을 여러 가지 이유에서 기억하고 있다. 당시 버지니아에 사는 어린아이였던 나는 대낮에 시도 때도 없이 찢어질 듯 울려 대던 경계경보 사이렌을 지금도 생생히 기억하고 있다. 무슨 일을 하고 있다가도 일단 사이렌 소리가 들리면 나는 그 소리에만 온통 주의를 기울였다.

마찬가지로 하나님께서 우리를 향하여 말씀하실 때 우리들은 하나님의 메시지가 그 무엇보다 중요하다는 것을 깨닫고 거기에 온전히 정신을 집중해야 한다. 우리들이 하나님의 음성에 둔해지지 않도록 하나님께서는 몇 가지 방법을 사용하신다.

우리가 성령 안에 거하고 있을 때 우리들의 영적 안테나는 하나님에 대해 예민해지며 하나님께서 말씀하시는 것을 들을 수 있게 된다. 이것이 정상적인 그리스도인의 삶이며 이러한 삶을 살 때에 하나님께서 어떤 형태로 말씀하시든 그 음성에 민감하게 응답할 수 있게 된

다. 사업 문제, 가정 문제 등 우리와 관련된 일들에 대하여 하나님께서 말씀하시는 것을 들음으로써 즉시 해야 할 일이 무엇인지 깨달을 수 있기 때문이다.

문제는 우리가 성령 안에 거하려 들지 않는 데 있다. 우리 자신의 방법으로 어떤 일을 하고자 할 때에는 그쪽으로만 생각이 치우쳐서 하나님께서 말씀하시는 것을 듣지 못하게 된다.

하나님께서는 이러한 문제를 알고 계신다. 그래서 우리들의 오감과 주의력을 온통 하나님께서 전하고자 하시는 말씀으로 향하게 하기 위하여 여러 가지 방법을 사용하신다. 틀림없이 당신의 삶 속에서도 하나님께서 이러한 방법들을 사용하신 적이 있을 것이다.

영혼이 불안함을 느낄 때

하나님께서 우리의 주목을 끄시는 첫 번째 방법은 불안한 영혼을 통해서이다.

에스더 6장은 불안한 영혼을 통해 하나님께서 역사하신 아름나운 예이다. 본문에서 아하수에로 왕은 모든 유대인과 특히 에스더의 친척인 모르드개를 미워하는 수상 하만에게 속아서 하루아침에 모든 유대인들을 처형한다는 조서에 서명을 한다.

그런데 그 조서에 서명을 하고 나서 왕은 영혼이 불안하여 잠을 이룰 수가 없었다. 에스더 6장 1절을 보면 다음과 같이 기록되어 있다. "그날 밤에 왕이 잠이 오지 아니하므로 명령하여 역대 일기를 가져다가 자기 앞에서 읽히더니."

그러다가 왕은 하만이 죽이려 하는 모르드개가 사실은 자신의 암살 음모를 알려 주어 목숨을 구해 준 적이 있는 자임을 알게 된다. 그래서 유대인들이 죽음을 당하는 대신 하만이 처형되고 모르드개는 상을 받게 된다. 이 모든 것은 주님께서 아하수에로 왕에게 허락하신 불안한 영혼으로 말미암아 생긴 사건이다.

우리를 불안하게 만드는 것은 세상을 향해 있는 우리들의 주의력을 하나님께로 돌리기 위하여 하나님께서 사용하시는 가장 간단한 방법 중의 하나이다.

전혀 손댈 수가 없고 이유도 알 수 없으며 정체도 알 수 없는 불안감이 우리를 뒤흔들어 놓을 때가 있다. 이러한 때 우리가 해야 할 가장 현명한 일은 하던 일을 중단하고 하나님께서 무엇을 말씀하고자 하시는지 물어 보는 것이다.

나 역시 살면서 그런 체험을 여러 번 했다. 하나님께서는 내가 목회지를 옮겨야 할 필요가 있을 때마다 그 전에 여러 달 동안 불안감을 느끼게 하신다. 그래서 때가 되면 내가 하나님의 말씀을 기꺼이 들을 수 있도록 준비시키신다. 영혼이 불안함을 느낄 때 우리가 해야 할 일은 단지 하던 일을 멈추고 하나님의 음성에 귀를 기울이는 일이다.

다른 사람을 통해서

하나님께서 우리의 주목을 끄시는 두 번째 방법은 다른 사람을 통해서이다.

가장 좋은 예로 사무엘하 12장에 나오는 나단과 다윗의 이야기를 들 수 있다. 밧세바와 우리아 사건으로 하나님 앞에서 죄를 지은 후에도 다윗은 표면상으로는 아무 양심의 거리낌도 없이 나라를 다스려 나간다.

> 하나님께서 다른 사람들을 통하여 말씀하실 때에 교만과 이기심을 버리고 열린 마음으로 그것을 들어야 한다.

여호와께서 나단을 다윗에게 보내시니 그가 다윗에게 가서 그에게 이르되…(삼하 12:1).

이때 하나님께서 나단에게 통찰력을 주셔서 다윗이 반드시 들어야만 하는 하나님의 말씀을 보내셨다.

그러므로 우리는 하나님께서 다른 사람들을 통하여 말씀하실 때에 교만과 이기심을 버리고 열린 마음으로 그것을 들을 수 있어야 한다. 다른 사람의 비판이나 나무람을 받아들이지 못하는 자는 실패할 것이며 참된 충고를 받아들이는 자는 칭찬을 받고 삶에서 성공할 것이라고 하나님께서는 잠언을 통하여 이미 여러 번 말씀하셨다.

그러나 설령 선한 의도에서 나온 것이라 할지라도 때로는 인간적인 충고가 우리를 잘못 인도할 수도 있으므로 다른 사람의 충고를 들을 때는 매우 조심해야 한다. 솔로몬의 아들 르호보암은 왕이 된 후 아버지 솔로몬이 백성에게 부과했던 무거운 부역들을 덜어 달라는 간청을 받고 이에 관하여 아버지를 섬겼던 나이 많은 신하들에게 의논하였다. 그들은 르호보암에게 백성들의 짐을 덜어 주면 백성들이 왕에게 충성을 다할 것이라고 충고했다. 그런데 르호보암은 그 말을 듣지 않고 자신의 일가친척에게 다시 조언을 구하여 백성에게 더욱 큰 짐을 지우고 부리라는 그들의 말을 따르게 되었다.

그 결과 이스라엘 왕국은 북이스라엘과 남유다 왕국으로 갈라지게 된다. 하나님과 올바른 관계를 맺지 못한 자들의 말을 좇음으로써 큰 손실을 당한 것이다. 그러므로 하나님께서 누군가를 통해 우리에게 말씀하고 계시다고 생각될 때에는 항상 그 충고와 함께 그것을 전한 사람도 주의 깊게 살펴보아야 한다.

뜻밖의 축복

하나님께서 우리의 주목을 끄시는 세 번째 방법은 뜻밖의 축복을 통해서이다.

이것은 내가 좋아하는 방법이기도 하다. 바울은 로마서 2장 4절에서 다음과 같이 설명하고 있다. "혹 네가 하나님의 인자하심이 너를 인도하여 회개하게 하심을 알지 못하여 그의 인자하심과 용납하심과 길이 참으심이 풍성함을 멸시하느냐."

우리가 예기치 못한 넘치는 축복으로 하나님께서 우리의 관심을 끄실 때가 있는데 그러한 축복은 영적인 것일 수도 있고 재정적인 것일 수도 있다. 그것이 어떠한 축복이건 간에 마치 그것을 우리 위에 쌓아 놓듯이 축복하신다. 그러나 하나님께서 이러한 방법을 모든 사람에게 다 적용하시는 것은 아니다. 왜냐하면 이러한 방법은 이기적인 사람을 더욱더 독단적이고 자기중심적이며 자아만을 추구하도록 만들어서 하나님을 잊어버리게 할 수도 있기 때문이다. 어쨌든 우리를 축복하심으로써 하나님께로 우리들의 관심을 돌리게 하는 이러한 방법 역시 하나님의 사랑에서부터 출발한 것이다.

　하나님께서는 우리의 미래와 현재를 보신다. 또한 우리를 위한 하나님의 계획과 우리의 계획을 비추어 보시고 충돌이 생길 때에는 하나님의 사랑을 표현하심으로써 우리가 하나님께 귀를 기울여 영원한 멸망으로부터 구원받게 하시는 것이다.

　이것은 우리가 자녀를 양육하는 것과 같은 이치이다. 자녀가 수렁에 빠지는 길로 자꾸 가고 있다면 우리 역시 자녀를 사랑하는 마음에서 그들이 엉뚱한 길로 가는 것을 막고 인생을 망치는 일이 없도록 지혜로운 충고를 할 것이다. 하나님께서도 우리가 옳은 길을 가도록 양육하시는 좋은 아버지이다.

응답되지 않는 기도

하나님께서 우리의 주목을 끄시는 네 번째 방법은 응답되지 않는 기도를 통해서이다.

　우리가 간구하는 바를 응답받았을 때는 마치 순항을 하는 것처럼 하나님의 예비하심과 축복을 즐길 수 있다. 그러나 특별히 다급한 문제가 닥쳤음에도 불구하고 묵묵부답일 때에는 하나님께서 우리의 관심을 모으시는 것이다.

　마치 의미 없는 침묵처럼 보이는 이러한 시간들이 사실은 성령께서 인도하심으로써 영적인 자기 성찰을 통한 성숙을 이루는 시기가 되는 경우가 많다. 성경은 우리의 간구가 응답되지 않는 이유로 다음과 같은 몇 가지를 제시하고 있다. 정욕을 위하여 잘못 구하는 경우

(약 4:3), 불순종하는 경우(요일 3:22), 하나님의 뜻에 어긋나는 경우(요일 5:14)가 그것이다. 우리의 기도가 응답되지 않을 때는 위와 같은 경우 중 어느 것엔가 자신이 속하고 있지 않은지 하나님께 여쭈어 보아야 한다.

베드로전서 3장 7절에 의하면 결혼 생활이 하나님께서 뜻하시는 바를 이루지 못할 때에 기도가 응답되지 않거나 열매 맺지 못할 수도 있다. 남편이 마땅히 자신이 해야 할 만큼 그 아내를 사랑하지 않을 때 남편의 기도가 막히게 된다고 베드로는 말하였다.

또한 어떤 때는 우리가 기도하는 바가 응답되면 더욱 우리가 잘못된 길로 빠져들 것을 아시기 때문에 응답하지 않으시는 경우도 있다. 그러나 사탄은 우리들이 하나님의 뜻에 합당하지 않은 것을 구하고 있을 때에 그것을 이루어 주려고 안간힘을 쓴다. 오늘의 기쁨이 내일의 고통을 가져다 줄 것을 알고 있기 때문이다. 우리들의 기도에 대해 하나님께서 응답의 문을 닫고 계실 때, 그것이 때로는 우리들의 삶을 옳은 방향으로 인도하시어 인생에서 진정 필요한 곳으로 우리의 관심을 옮겨 주시려는 하나님의 역사일 수도 있다.

주님께서 바울의 육체의 가시를 들어 사용하심으로써 수많은 성도들을 사역하셨음을 기억할 것이다. 바울은 기도에 응답을 받지 못하였으나 오히려 자신의 어려운 문제를 바라보는 시각이 바뀜으로써 하나님의 자비를 이해하게 되었다. 바울은 사랑하는 자들에게 보내는 서신의 문두에서 자신이 항상 사용하였던 '은혜와 평강의 문안'의 참 의미를 알았던 사람이다. 응답되지 않는 기도가 하나님을 의지하는 면에 있어서 새로운 차원으로 그를 이끌어 주었던 것이다.

실망과 좌절 속에서

하나님께서 우리의 주목을 끄시는 다섯 번째 방법은 실망과 좌절을 통해서이다.

민수기 14장에 의하면 하나님께서는 실망과 좌절을 통해서도 우리들의 관심을 모으심을 알 수 있다. 애굽으로부터 해방된 이스라엘 민족은 약속의 땅을 향해 전진한다. 그들은 먼저 12명의 정탐꾼을 보내어 사정을 알아보고자 하였는데 모두 부정적인 소식만을 가져온다. 투표를 한 결과 10대 2로, 이미 하나님께서 그들에게 승리를 약속해 주셨던 전쟁을 반대한다.

민수기 26-35장은 하나님의 약속에 대한 이스라엘 민족의 불신앙과 거리낌 때문에 하나님의 심판이 그들에게 임하는 것을 보여 주고 있다. 잘못을 깨달은 사람들은 마음을 새롭게 하여 문제를 해결하고자 한다.

> 아침에 일찍이 일어나 산 꼭대기로 올라가며 이르되 보소서 우리가 여기 있나이다 우리가 여호와께서 허락하신 곳으로 올라가리니 우리가 범죄하였음이니이다(민 14:40).

그러나 모세는 다음과 같은 말로 대답한다.

> 여호와께서 너희 중에 계시지 아니하니 올라가지 말라 너희의 대적 앞에서 패할까 하노라(민 14:42).

이제 하나님께서 그들의 관심을 어떻게 모으셨는지 살펴보자. 이스라엘 민족은 애굽의 노예 상태에서 극적으로 풀려나게 되지만 애굽의 병거와 마병과 군대가 곧 그들을 뒤쫓아 온다. 그러나 하나님의 보호하심으로 마침내 그들은 젖과 꿀이 흐르는 약속의 땅 문턱에까지 이르게 된다. 그럼에도 불구하고 불신앙으로 눈이 어두워진 그들은 약속의 땅으로 들어가지 못하고 만다.

슬픔과 애통과 좌절을 맛보았던 것이다. 하나님께서는 늦었지만 실의에 빠진 백성들의 주목을 끄셨고 그들의 불신앙으로 인해 모든 어른들은 한 사람도 남김없이 광야에서 방황하다 죽을 것임을 보여 주셨다.

우리들은 때때로 인생에서 겪는 큰 좌절로 인해 하나님을 바라보게 된다. 가령 결혼을 앞둔 어떤 사람이 만반의 준비를 다 갖추고 결혼식 날만을 기다리고 있다고 상상해 보자. 이미 주례 부탁도 하고 들러리로 세울 친구도 정하고 청첩장도 다 돌렸다. 그런데 상대편에서 파혼을 요구한다면 과연 어떻게 되겠는가? 세상이 무너지는 것 같을 것이다. "하나님은 도대체 무엇을 하고 계시는가? 왜 내게 이런 일이 일어나도록 내버려 두셨는가? 내게 이렇게 대하시는 이유가 무엇인가?"라는 질문들을 할 것이다. 이 경우 하나님의 사랑의 계획과 섭리에 의해 잘못된 결혼이 중지되었음을 깨닫고 그러한 좌절을 통해 하나님을 바라볼 수 있게 된다면 정말 다행한 일이다. 그러나 어떤 이들은 하나님의 뜻대로 행하기보다는 계속해서 자기가 옳다고 주장하며 생각하는 대로 나아가기도 한다.

우리들은 좌절하게 되면 하나님을 책망하고 하나님을 향해 분을 터뜨릴 때가 많다. 욥이 고난을 당해 괴로워하고 있을 때 그 아내는 욥을 조롱하면서 "당신이 그래도 자기의 온전함을 굳게 지키느냐 하나님을 욕하고 죽으라"(욥 2:9)고 말한다. 여기서 우리는 하나님에 대한 욥의 생각을 뒤틀어 놓으려는 사탄의 역사를 분명히 볼 수 있다. 이에 욥은 놀랍게도 다음과 같은 말로 대답한다. "우리가 하나님께 복을 받았은즉 화도 받지 아니하겠느냐"(욥 2:10). 극한 좌절과 실망에 대처하는 욥의 태도는 참으로 경이롭다.

실망과 좌절에 대하여 우리가 어떤 태도를 취하는가는 매우 중요한 문제이다. 크게 좌절할 때 어떤 사람은 비통한 나머지 양 주먹을 휘두르면서 하나님을 향해 화를 내고 하나님을 비난한다. 이때에 사탄은 그러한 사람들을 향해 추악하게 손가락질하면서 "너는 아무것도 아니다. 하나님께서는 이제 너를 버리셨다"고 속삭인다. 이렇게 되면 사람들은 멸망에서 자신을 건져 주시는 하나님을 깨닫지 못한 채 좌절하게 된다. 좌절을 겪을 때에 우리들은 먼저 이 시간을 통해 하나님께서 우리에게 무엇을 가르치고자 하시는지를 여쭈어야 한다. 그리고 하나님의 계획과 섭리를 기대하는 새로운 통찰력을 가져야 한다. 이것이 실망과 좌절 속에서 그리스도인이 가져야 할 가장 지혜로운 태도이다.

특수한 환경

하나님께서 우리의 주목을 끄시는 여섯 번째 방법은 특수한 환경을 통해서이다.

모세의 생애가 특수한 환경으로 인해 하나님께 주의를 기울이게 된 생생한 예가 될 것이다. 모세는 바로의 집에서 양육되어 어디에 내어 놓아도 손색없는 훌륭한 무사요 능력 있는 전략가로 성장한다. 그러한 그가 하루는 우연히 애굽의 병사를 죽이게 되어 목숨을 부지하려고 미디안 사막으로 들어가게 된다. 그곳에서 모세는 보잘것없는 누더기를 걸치고 얼마 안 되는 양 무리를 돌보면서 40년간을 숨어서 지낸다.

모세는 자아 의지가 무척 강한 사람이었다. 그렇기 때문에 하나님께서는 그를 깨어지게 하심으로써 하나님께로 관심을 돌리게 하셨던 것이다.

> 모세가 그의 장인 미디안 제사장 이드로의 양 떼를 치더니 그 떼를 광야 서쪽으로 인도하여 하나님의 산 호렙에 이르매 여호와의 사자가 떨기나무 가운데로부터 나오는 불꽃 안에서 그에게 나타나시니라 그가 보니 떨기나무에 불이 붙었으나 그 떨기나무가 사라지지 아니하는지라(출 3:1-2).

모세는 불이 붙고도 타지 않는 떨기나무를 보고 다음과 같이 말한다.

> 이에 모세가 이르되 내가 돌이켜 가서 이 큰 광경을 보리라 떨기나무가 어찌하여 타지 아니하는고(출 3:3).

기이한 경험을 통해 하나님께서 그의 주의를 집중시키신 것이다.

모세는 그 이상한 일을 살펴보기 위해 일상적인 하루 일과를 포기해야 했고 바로 그때 하나님께서 그를 향해 말씀하셨다.

우리들은 하루하루의 생활 가운데서 하나님과 동행하는 삶을 사는 방법을 배워야 한다. 성령 안에 거하는 하나님의 자녀는 생활 가운데 일어나는 하나하나의 모든 사건들 속에서 전능하신 하나님의 작품과 발자취와 손길을 찾아내야 한다. 하나님은 우리를 다스리시는 분이요 우리는 그의 자녀이다. 그러한 하나님의 자녀의 삶에는 결코 우연이란 있을 수 없다. 믿는 자들에게는 하나님께서 허락하신 일들과 보내 주신 것들 그리고 그들의 관심을 일깨우기 위하여 하나님께서 그들의 삶 가운데 일으키신 일들만이 있을 뿐이다.

어느 날 직장을 그만두라는 통보를 받았다고 생각해 보자. 이 일에 대해 사람들은 여러 가지로 반응할 수 있다. 다른 사람이 어떻게 생각할 것인가를 염려하기도 하고, 하나님께서 왜 그러한 일이 일어나게 하셨는가를 생각하기도 할 것이며, 하나님께서 무엇을 가르치고자 하시는지 묻기도 할 것이다. 그러나 이렇게 곤란한 경우에도 믿는 사로서의 바른 태도란 역시, 모든 것을 주관하시는 하나님의 임재를 믿음으로써 모든 사건을 하나님의 관점에서 바라보려고 노력하는 것이다. 직업을 허락해 주셨던 바로 그 하나님께서 이번에는 그 직업을 잃도록 허락하셨음을 기억해야 한다.

하나님께서는 우리의 주목을 끌기 위하여 무엇이 필요한지를 정확히 알고 계시며 때로는 특수한 환경을 통하여 그것을 이루신다. 이때 우리는 가만히 뒤에 서서 하나님께서 우리 삶 속에 이루시는 것에 주목해야 한다.

1. 실패

하나님께서는 실패를 계기로 우리의 관심을 돌려놓기도 하신다. 약속의 땅에 도착한 이스라엘 민족이 첫 번째 할 일은 여리고를 치는 일이었는데 그들은 이 일을 해냈다. 그 다음으로 그들에게 주어진 과제는 아이 성을 정복하는 것이었다. 모든 면에서 볼 때 아이 성은 여리고에 비해 넘어뜨리기 쉬운 성이었다. 그러나 이스라엘의 전사들은 두 가지 엄청난 잘못을 저질렀다.

첫째, 하나님께서는 여리고에서 탈취한 물건들과 금은 모두 하나님의 것이라고 여호수아에게 말씀하셨으나 아간이 노략한 물건 중 일부를 챙겨서 자신의 장막 밑에 파묻었다.

둘째, 성경을 자세히 살펴보면 이스라엘 민족이 아이 성을 치러 갈 때 하나님으로부터 구체적인 작전지시나 명령을 받지 않은 채 그 성을 정복할 것을 결단하였음을 알 수 있다. 자만심에 찬 그들은 아이 성을 단숨에 정복해 버릴 생각으로 소수의 군대를 파견한다. 그러나 결과는 예상 밖이었다.

> 아이 사람이 그들을 삼십육 명쯤 쳐죽이고 성문 앞에서부터 스바림까지 쫓아가 내려가는 비탈에서 쳤으므로 백성의 마음이 녹아 물 같이 된지라(수 7:5).

그렇게 강했던 이스라엘 민족이 패배했다. 그리고 커다란 두려움이 그들을 사로잡게 되었다. 이때 여호수아는 다음과 같은 태도를 취하였다.

여호수아가 옷을 찢고 이스라엘 장로들과 함께 여호와의 궤 앞에서 땅에 엎드려 머리에 티끌을 뒤집어쓰고 저물도록 있다가(수 7:6).

하나님께서는 여호수아가 전쟁에서 패하도록 버려두심으로써 그의 관심을 하나님께로 향하게 하셨던 것이다.

하나님께서 영적으로나 재정적으로 복 주실 때, 즉 우리들의 생애에 무엇인가 좋은 일을 베풀어 주셨을 때 특별히 우리들은 아이 성 사건을 기억하여야 할 것이다. 하나님께서 복 주실 때는 감사와 찬양을 돌려야 할 뿐 아니라 세밀한 주의를 기울여야 한다. 큰 복을 받은 뒤에는 실패가 따르기 때문이다. 그리고 이때가 바로 우리들이 극도로 민감하게 하나님의 음성에 귀 기울여야 할 때임을 명심해야 한다. 왜냐하면 대개의 사람들이 복을 받으면 교만하고 이기적인 마음을 가지게 되어 복을 내리신 하나님의 참된 의도를 파괴해 버리기 때문이다.

그래서 하나님께서는 우리가 실패하도록 내버려 두시는 것이나. 많은 사업가가 실패를 경험하고 왜 그런 일이 일어났는가에 대해 고민하지만 결국 그 문제에 대한 하나님의 인도하심을 찾아보지 않은 채 주변만을 맴돌다가 다시 제자리로 돌아와 버리곤 한다.

실패하는 것과 패배자가 되는 것 사이에는 굉장한 차이가 있다. 실패한 가운데서도 지혜롭게 하나님을 향해 우리의 주의를 기울일 수만 있다면 실패가 오히려 삶의 성공에 중요한 발판이 되는 경우도 있다. 오늘의 실패가 내일의 성공을 가져다 줄 수 있기 때문에 우리들은 더 큰 일을 위하여 작은 일에 기꺼이 실패할 줄 알아야 한다. 실수를 인정하고 하나님께 잘못을 고백하는 동시에 하나님을 향해 전심으로 관심을 모을 수 있게 해 주신 것을 감사드리기만 하면 되는 것이다. 실패는 결코 우리를 패배자로 만들지 못한다. 오히려 그 실패에 적절하게 대처할 때 미래의 승리가 탄탄히 다져지게 될 것이다.

2. 경제적인 파탄

어떤 때는 하나님께서 우리들의 관심을 모으기 위하여 우리를 경제적인 고갈 상태에 빠지게 하신다. 사사기 전체의 주제는 "사람마다 자기 소견에 옳은 대로 행하였더라"(삿 17:6)는 것이다. 시간이 지날수록 이스라엘 민족은 우상 숭배에 빠지고 이교도들과 혼인했다. 그 결과 다음과 같은 일이 벌어졌다.

> 이스라엘 자손이 또 여호와의 목전에 악을 행하였으므로 여호와께서 칠 년 동안 그들을 미디안의 손에 넘겨 주시니 미디안의 손이 이스라엘을 이긴지라 이스라엘 자손이 미디안으로 말미암아 산에서 웅덩이와 굴과 산성을 자기들을 위하여 만들었으며 이스라엘이 파종한 때면 미디안과 아말렉과 동방 사람들이 치러 올라와서 진을 치고 가사에 이르도록 토지 소산을 멸하여 이스라엘 가운데에 먹을 것을 남겨 두지 아니하며 양이나 소나 나귀도 남기지 아니하니 이는 그들이 그들의 짐승과 장막을 가지고 올라와 메뚜기 떼 같이 많이 들어오니 그 사람과 낙타가 무수함이라 그들이 그 땅에 들어와 멸하려 하니 이스라엘이 미디안으로 말미암

아 궁핍함이 심한지라 이에 이스라엘 자손이 여호와께 부르짖었더라(삿 6:1-6).

이스라엘은 그들 가운데 있던 모든 물질적인 소산들이 없어지고, 생명을 부지하기 위해서 산속의 구멍과 굴속으로 숨을 수밖에 없는 곤경에 처했을 때에야 비로소 하나님을 향해 부르짖었다. 하나님께서는 그들의 관심을 모으기 위해서 필요한 것이 무엇인지를 정확히 아셨던 것이다. 이스라엘 민족은 고난을 당했을 때 하나님께 부르짖었고, 하나님께서는 그들을 미디안의 손에서 건져 내사 복을 내려 주셨다.

하나님께서 당신의 재산을 고갈시키신 적이 있는가? 한때는 태산처럼 엄청났던 재산이 차츰 뒷산만 하게, 언덕만 하게 줄어들었다가 마침내는 모두 사라져 버렸을 수도 있다. 대부분의 사람들에게 이 방법은 매우 고통스러울 것이다. 또 이에 대한 믿는 자들의 태도가 잘못된 경우도 많다. 예를 들자면 십일조를 충실히 했더라면 하나님께서 이렇게 내 재산을 거둬 가지 않으셨을 것이라고 생각하는 사람들이 있다. 그러나 십일조는 하지만 교묘하게 하나님께 불순종하는 사람이 있다면 하나님께서는 그런 사람에게도 역시 경제적인 재난을 주셔서 하나님을 찾게 만드실 수도 있다.

하나님은 결코 모순된 말씀을 하시지 않는다. "나의 하나님이 그리스도 예수 안에서 영광 가운데 그 풍성한 대로 너희 모든 쓸 것을 채우시리라"(빌 4:19)고 바울을 통해 말씀하셨다. 하나님께서는 무엇보다 하나님의 음성을 듣는 것이 우리들에게 가장 필요함을 아시며, 어떤 물질적인 이득을 얻는 것보다도 그것을 더욱 중요하게 여기신다.

내가 아는 이들 중에 하나님께서 경제적으로 매우 어렵게 하신 사람들이 몇 명 있는데, 그들은 가진 것을 모두 잃었지만 그 대신 온전히 하나님을 향하게 되었다. 그러한 고난이 그 사람들로 하여금 영적인 행진에서 진정으로 중요한 점을 발견할 수 있게 해 준 것이다.

제2차 세계 대전에서 실업가 R.G.K.의 중장비는 사실 연합군의 전력과 맞먹을 정도로 연합군의 승리에 공헌한 바가 크다. 그 회사의 거대한 중장비들이 태평양의 여러 섬에 도로를 건설하는 임무를 감당했던 것이다.

이 회사의 대표는 매우 신실한 그리스도인으로서 자신의 사업을 운영하는 데 있어서 하나님을 완전히 동역자로 모시고 있었고 항상 하나님과 하나님의 일을 위해 넘치도록 풍성히 바치는 사람이었다. 그러나 사업이 계속 성장하던 1920년대 후반 즈음하여 그는 '하나님의 몫'이라고 구분해 놓았던 이익금을 그 다음해에 더욱 큰 몫으로 하나님께 바칠 것을 약속드리면서 사업에 돌려 사용했다. 그 후 2년간은 그가 최악의 경험을 한 기간이었다. 이익은 줄어들고 빚은 자꾸 늘어났으며 프로젝트들도 암담한 실정이었다. 그제야 그는 지난번 하나님 앞에서 했던 약속을 상기하고는 뒤늦게나마 그 약속을 지켰다. 그리고 1년 후 악화 일로를 걷던 재무 상태가 회복되었다. 하나님께서 사업을 적자 나게 하심으로써 그의 관심을 돌려 놓으셨던 것이다.

3. 비극적인 상황

하나님께서는 우리들을 때로는 비극적인 상황에 처하게 함으로써 주의를 집중시키신다. 이스라엘 백성들이 광야에서 겪었던 사건을 돌이켜 보면 좋을 것이다.

> 백성이 호르 산에서 출발하여 홍해 길을 따라 에돔 땅을 우회하려 하였다가 길로 말미암아 백성의 마음이 상하니라 백성이 하나님과 모세를 향하여 원망하되 어찌하여 우리를 애굽에서 인도해 내어 이 광야에서 죽게 하는가 이곳에는 먹을 것도 없고 물도 없도다 우리 마음이 이 하찮은 음식을 싫어하노라 하매 여호와께서 불뱀들을 백성 중에 보내어 백성을 물게 하시므로 이스라엘 백성 중에 죽은 자가 많은지라 백성이 모세에게 이르러 말하되 우리가 여호와와 당신을 향하여 원망함으로 범죄하였사오니 여호와께 기도하여 이 뱀들을 우리에게서 떠나게 하소서 모세가 백성을 위하여 기도하매(민 21:4-7).

한 개인의 생애에 일어난 비극을 무조건 하나님의 징계로 보기보다는 영적인 여과기를 통하여 파악할 수 있어야 한다. 조니 에릭슨 타다(Joni Eareckson Tada)와 같은 사람을 통해 불행 속에 임재해 있는 하나님의 탁월한 계획의 생생한 증거를 볼 수 있다.

조니의 생애는 그녀가 아직 어린 10대 청소년이던 어느 여름 오후에 완전히 뒤바뀌었다. 깊지 않은 수영장 물에 뛰어들었다가 눈 깜짝할 짧은 순간에 전신마비 장애인이 된 것이다.

병원에서 수개월 동안 절망에 빠져 불안한 미래를 염려하는 조니에게는 희망이 거의 없었다. "하나님께서 왜 내게 이런 일이 일어나게 하셨을까?" 하는 질문이 밤낮으로 그녀의 입술을 떠나지 않았다. 그런데 자신을 향한 하나님의 사랑을 믿는 소녀의 믿음이 점차로 그러한 고통과 쓰라린 의문들을 극복해 나가기 시작했다.

그 이후 몇 년 동안 조니는 입으로 붓을 물고 그림을 그리는 놀라운 능력을 개발했다. 하나님께로 향하는 그녀의 마음은 껑충껑충 자라서 수백만의 사람을 전도하는 놀라운 역사가 일어났다. 그것은 실로 비극에서 탄생하고 자라난 전도의 성과였다. 조니에 관한 책과 영화와 강의 그리고 특별히 장애인들에게 미친 영향으로 인해 그녀의 감동적인 이야기는 세계적으로 그리스도인들 사이에 널리 알려지게 되었다.

4. 병과 고통

히스기야는 경건한 왕이었다. 하나님께서는 그를 여러 모양으로 축복하셨고 18만 5천 명의 앗수르인을 치심으로써 침략자의 손에서 건져 주셨다. 이로 인한 환희와 기쁨을 역대하 32장에서 찾을 수 있다.

> 이와 같이 여호와께서 히스기야와 예루살렘 주민을 앗수르 왕 산헤립의 손과 모든 적국의 손에서 구원하여 내사 사면으로 보호하시매 여러 사람이 예물을 가지고 예루살렘에 와서 여호와께 드리고 또 보물을 유다 왕 히스기야에게 드린지라 이 후부터 히스기야가 모든 나라의 눈에 존귀하게 되었더라(대하 32:22-23).

그런데 24절과 25절에서 갑자기 상황이 암울해진다. "그때에 히스기야가 병들어 죽게 되었으므로 여호와께 기도하매 여호와께서 그에게 대답하시고 또 이적을 보이셨으나 히스기야가 마음이 교만하여 그 받은 은혜를 보답하지 아니하므로 진노가 그와 유다와 예루살렘에 내리게 되었더니."

> 하나님께서 누구에게나 똑같은 방법을 쓰시는 것은 아니다. 그러나 바로 당신의 관심을 모으기 위하여 당신의 생활 속에 어떤 일을 행하여야 하는지를 정확하게 알고 계신다.

마침내 히스기야는 중병에 걸리게 된다. 여기에서 우리는 왜 히스기야 왕이 병에 걸리게 되었는가를 생각해 보아야 한다. 히스기야의 교만의 문제가 왜 갑자기 거론되었을까? 해답은 바로 이것이다. 즉 하나님께서 히스기야 왕의 교만을 깨우치고 그의 관심을 하나님께로 집중시키시려고 병들게 하셨다는 것이다.

병이나 고통은 하나님께서 우리의 관심을 모으시는 방법 중 하나이다. 예를 들어 하나님께서는 다메섹으로 가던 다소의 사울을 땅에 엎드러지게 하시고 눈을 멀게 하심으로써 하나님께로 그의 주의를 집중시키셨다. 그 후 그는 3일 동안 눈이 먼 상태로 지내게 된다.

나는 치료의 역사를 역시 믿고 있다. 야고보서 5장 14절을 보면 다음과 같이 기록되어 있다. "너희 중에 병든 자가 있느냐 그는 교회의 장로들을 청할 것이요 그들은 주의 이름으로 기름을 바르며 그를 위하여 기도할지니라."

병원에 여러 주일 동안 입원해 있을 때 하나님께서 나를 놀랍게 인도하여 주신 적이 있다. 병으로 인한 고통을 통해 하나님의 음성을 들을 수 있도록 인도하셨던 것이다. 만약 누군가 하나님께 나를 치유해 달라고 기도드렸다면 아마 나의 전 생애를 통해 가장 중요한 영적 시기를 놓쳐 버렸을 것이다. 그 당시 내게 필요했던 것은 하나님의 음성을 듣는 것이었다. 하나님께서는 종종 우리들의 병을 통하여 생활을 돌이켜 볼 수 있도록 하시기 때문에 치유에 관한 문제는 매우 유의해서 다루어야 할 부분이다.

내 일기를 훑어보면 아파서 활동을 하지 못하였던 적이 몇 번 있었는데, 그 시기가 대부분 매우 어리석은 일을 저지른 후였음을 알 수 있다. 하나님께서는 그때마다 나를 인도하고 깨우치심으로써 내가 꼭 직면해 보아야 할 문제에 부딪치게 하시고 옳은 판단을 내리도록 하셨다.

하나님께서 누구에게나 똑같은 방법을 쓰시는 것은 아니다. 그러나 바로 당신의 관심을 모으기 위하여 당신의 생활 속에 어떤 일을 행하여야 할는지를 정확하게 알고 계신다. 불안한 영혼, 다른 사람의 말, 축복, 응답되지 않는 기도, 특수한 환경. 하나님께서 오늘은 이 방법을 쓰시지만 3주쯤 뒤에는 저 방법을 쓰실 수도 있으며 2년쯤 뒤에는 전혀 새로운 방법을 사용하실 수도 있다.

중요한 것은 하나님께서 우리들이 일상생활의 흐름을 멈추고 하나님의 음성을 듣게 하시려고 신중하게 고려하여 각양각색의 방법들을 사용하신다는 사실이다. 결코 하나님은 우리들이 아무런 위험 신호도 받지 못한 채 열려 있는 맨홀에 빠지도록 내버려 두시지 않는다. 하나님께서는 우리들 한 사람 한 사람에게 꼭 필요한 인도와 도움을 베푸심으로써 각 사람의 삶에 대한 하나님의 놀라운 계획과 목적대로 우리들을 이끌고자 하신다. 또한 하나님께서는 우리들이 얽히고설킨 일상생활 가운데서 목적 없이 방황하는 것을 원치 않으시기 때문에 하나님께서 이미 세워 두신 적절한 이정표들을 부드러운 음성으로 각인시켜 주신다.

우리의 문제점은 하나님의 능력을 알지 못하거나 우리와 교통하기를 원하신다는 사실을 의심하는 데 있는 것이 아니라 하나님의 음성을 분별하지 못하는 데 있다. 우리는 주님의 양이며 그의 양은 목자의 음성을 안다고 하였다(요 10:4). 따라서 하나님의 대화의 본질을 분별할 수 있는 열쇠가 필요하다. 이것은 다음 장에서 다루도록 하겠다.

How To Listen To GOD

하나님의 음성을 구별하는 방법

- 성경의 원칙으로 돌아가라
- 인간적인 지혜와의 모순성
- 육적인 본성과의 충돌
- 믿음에 대한 도전
- 영적인 용기
- 분별력 있게
- 다른 사람들에게 미치는 영향
- 잠잠하게 인내하며
- 결과에 대한 고려
- 경건한 상담
- 영적인 성장
- 마음의 평안함

How To Listen To GOD

참 믿음의 사람들로서 성령 안에 거하고 있고 십자가의 의미를 알고 있으며
성령께서 우리를 채우시고 우리 안에 거하시도록 하고 있다면,
우리들은 쉽게 하나님의 음성과 육의 소리와 사탄의 소리를 분별할 수 있다.

"하나님의 음성을 들으려고 할 때 그것이 진짜 하나님의 음성인지 아니면 다른 소리를 착각하는 것인지 어떻게 구별할 수 있습니까?", "하나님의 인도하심을 구했을 때 마치 두 음성을 듣는 것 같아요. 내가 들은 것이 하나님의 음성인지 사탄의 소리인지 알 수가 없어요. 어떤 때는 내가 나 자신에게 말한 게 아닐까라는 생각도 들어요", "내가 내 양심 때문에 이러는 것인지 하나님께서 진짜 역사하시는 것인지 잘 모르겠어요"라고 질문해 오는 사람들이 많이 있다.

이것들은 우리들이 반드시 짚고 넘어가야 할 좋은 질문들이다. 하나님의 음성을 정확하게 듣기 위해서는 말하는 사람이 누구인지를 반드시 확인해야 하기 때문이다.

마태복음 16장을 보면 예수님께서 제자들에게 자신이 예루살렘에 가서 많은 고난을 받고 죽임을 당하고 제 삼일에 부활하실 것을 가르치시는 장면이 등장한다(16:21). 이때 베드로는 자기 나름으로는 선한

의도에서 예수님을 붙들고 "주여 그리 마옵소서 이 일이 결코 주께 미치지 아니하리이다"(16:22)라고 간구한다. 그러나 예수께서는 베드로를 돌아보시면서 "사탄아 내 뒤로 물러 가라 너는 나를 넘어지게 하는 자로다 네가 하나님의 일을 생각하지 아니하고 도리어 사람의 일을 생각하는도다"(16:23)라고 야단치신다.

위의 이야기를 통해 하나님의 음성과 사탄의 소리의 차이점을 발견할 수 있다. 베드로의 갈등은 오늘날 우리들의 갈등이기도 하다. 가족 문제나 경제적인 문제 혹은 직업에 관하여 어떤 결정을 내려야 할 경우, 우리는 하나님의 뜻을 알고 바른 결정을 내리기 위해 기도를 하곤 한다. 그런데 이때 어떤 사람들은 날마다 다른 음성을 원하는 것 같은 느낌이 들어서 하루는 이렇게 해야 할 것 같고 그 다음날이 되면 저렇게 해야 할 것 같은 혼란에 빠지기도 한다. 그래서 결과적으로 주저하고 당황하게 되어 지금 자신이 듣고 있는 음성이 과연 누구의 소리인지조차 알지 못하게 된다.

예수님은 요한복음 10장 27절에서 하나님의 음성을 정확하게 듣는 것이 믿는 자의 징상적인 경험이고 명백하게 말씀하셨다. "내 양은 내 음성을 들으며 나는 그들을 알며 그들은 나를 따르느니라." 참 믿음의 사람들로서 성령 안에 거하고 있고 십자가의 의미를 알고 있으며 성령께서 우리를 채우시고 우리 안에 거하시도록 하고 있다면, 우리들은 쉽게 하나님의 음성과 육의 소리와 사탄의 소리를 분별할 수 있다. 성숙한 그리스도인들 중에는 하나님의 음성을 들어 본 경험이 있고 또 하나님의 음성과 다른 소리를 구분할 수 있는 사람들도 있지만, 아직 영적으로 어린 그리스도인들에게는 이것이 약간 어려울 수 있다. 이는 목자와 오랫동안 함께 지낸 양들은 목자의 음성을 듣는 데 숙련되어 있는 반면 새로 태어난 양은 그렇지 못한 것과 마찬가지이다. 그러나 성경은 모든 믿는 자들은 성숙하거나 그렇지 못하거나 확실하게 하나님의 음성을 분별할 수 있어야 한다고 가르친다. 그렇다면 주변에서 여러 가지의 모순되는 소리들이 들려 올 때 어떻게 하나님의 뜻을 분별할 수 있는지에 대한 성경의 가르침을 살펴보도록 하자.

성경의 원칙으로 돌아가라

하나님의 음성은 결코 우리들이 성경에 위배되는 행동을 하거나 관계를 가질 것을 요구하지 않는다.

기도할 때마다 죄의식과 정죄함에 빠지고 하나님께서 자신을 비난하신다고 여기는 사람들이 있다. 이런 사람들은 하나님께 무엇인가 간구하는 것을 너무나 어려워한다. 만약 이미 죄를 고백하였고 자신이 아는 한 깨끗한 생활을 하고 있으며 하나님의 뜻에 불순종하지 않았는데도 여전히 죄의식과 정죄함을 느끼고 있다면, 그것은 의심할 여지없이 사탄으로부터 오는 소리이다. 이것은 로마서 8장 1절을 통해 알 수 있다. "그러므로 이제 그리스도 예수 안에 있는 자에게는 결코 정죄함이 없나니." 그러한 정죄의 음성은 성경에 완전히 어긋나는 것이다. 이러한 죄책감은 옳지 못한 것이고 사탄이 쏘는 정죄의 화살이다.

우리가 사탄에게 너무나 쉽게 속아 넘어가는 것은 하나님의 말씀을 소홀히 하고 삶 속에 그 말씀 위에 든든히 서지 못했기 때문이다. 전능하신 하나님께서 성경 말씀에 비추어 모순되는 일을 결코 우리에게 명하지 않겠다고 약속하셨으므로 성경을 잘 알수록 우리들은 하나님의 음성을 더욱 잘 구별할 수 있게 된다.

인간관계로 인한 어려움에 처했다면 하나님께서 주신 성경 말씀으로 돌아가 그 점에 대해 무엇이라고 말씀하셨는지를 보아야 한다. 재정적인 문제를 처리해야 할 경우 역시 먼저 성경이 재물에 관해 무엇이라 말하고 있는지를 살펴보아야 한다. 성경 어느 부분인가가 우리의 필요를 꼭 채워 줄 것이며 하나님의 인도하심을 보여 줄 것이다. 기도 중 들은 것이 성경과 일치하지 않는다면 그것은 하나님의 음성이 아니다. 하나님의 음성은 결코 성경의 원칙에 위배되는 법이 없기 때문이다.

인간적인 지혜와의 모순성

예외가 있기도 하지만 일반적으로 하나님께서 요구하시는 것은 우리들이 생각하기에 자연적이고 합리적인 일에 모순이 된다.

예수님께서는 누가 오른쪽 뺨을 치면 왼쪽 뺨도 내어 주라 하셨고 (마 5:39) 오리를 같이 가자고 하면 십리를 같이 가라고 가르치셨다. 상식적으로 생각할 때 이것은 비합리적인 행동들이다. 이사야 선지자는 이것을 다음과 같이 말했다.

 이는 내 생각이 너희의 생각과 다르며 내 길은 너희의 길과 다름이니라 여호와의 말씀이니라 이는 하늘이 땅보다 높음 같이 내 길은 너희의 길보다 높으며 내 생각은 너희의 생각보다 높음이니라(사 55:8-9).

예수님께서는 일반적으로 사람들이 기대하는 것과는 반대로 행동하셨다. 세상이 강하게 자신을 끌고 있다고 느껴지고 하나님으로부터 들은 말씀이 합리적이고 이상적일 때는 다시 점검해 보아야 한다. 물론 하나님께서 인간의 지혜를 사용하지 않으신다는 의미는 결코 아니다. 그러나 많은 경우 하나님의 음성은 우리들에게 이성에 비추어 매우 비논리적인 것을 수행하라고 명하신다.

하나님께서 아브라함에게 그의 아들을 바치라고 명하신 것도 마찬가지다. 아브라함은 이러한 명령은 악마에게 속한 것이요 하나님께서 결코 이렇게 말씀하셨을 리가 없다고 생각할 수도 있었다. 그러나 그것은 하나님의 말씀이었고 그가 순종하였기 때문에 하나님께서 이삭을 통하여 아브라함의 씨를 세상에 퍼뜨려 주셨다.

육적인 본성과의 충돌

하나님께서는 우리에게 결코 육체적인 소욕을 만족시키는 일을 명하시지 않는다.

이것은 하나님께서는 즐거움을 원치 않으신다는 의미가 아니다. 하나님을 기쁘시게 하며, 순간적인 육체의 만족이 아니라 말씀을 성취하여 유익함을 끼치는 올바른 즐거움을 원하시는 것이다.

우리가 들은 음성이 육체의 소욕을 만족시키고 다른 사람의 일을 생각지 않은 채 우리 편한 대로만 할 것을 주장한다면 그것은 결코 하나님의 음성이 아님을 깨달아야 한다. 하나님께서는 결코 그런 말씀을 하시지 않는다. 육체가 아닌 우리 안에 계신 성령께서 기뻐하실 수 있는 일을 명하신다. 성령의 다스리심 앞에 옛사람이 가졌던 육체적인 본성을 내어 놓아야만 한다. 그래서 성령께서 원하시는 바를 만족시키고 그 음성이 우리들의 육적인 본성이 아닌 영을 바로 세우시고 치료하시도록 해야 한다.

> 하나님께서는 육체적인 소음이 만연하고 있는 이 세상 가운데서 우리를 부르셨고 우리 자신뿐 아니라 다른 사람들에게도 항상 참된 유익을 끼치는 음성을 들려주고자 하신다.

현대 사회는 계속해서 육적인 본성에 호소하는 것들을 계발해 가고 있다. 텔레비전, 잡지 그리고 많은 사업가가 인간의 육체적인 본능을 자극하여 사람들에게 영향을 미치려 하고 있다. 하나님께서는 이렇게 육체적인 소음이 만연하고 있는 이 세상 가운데서 우리를 부르셨고 우리 자신뿐 아니라 다른 사람들에게도 항상 참된 유익을 끼치는 음성을 들려주고자 하신다. 이러한 음성을 듣기 위해서는 매우 실제적인 믿음이 필요하다.

믿음에 대한 도전

하나님께서는 항상 우리들의 믿음에 도전을 주심으로써 우리들과 하나님과의 관계를 정립하시고 우리들이 하나님과 더욱 가까워지도록 이끌어 주신다.

주님께 간구를 올릴 때에는 항상 그것이 우리들의 믿음에 도전을 주는가를 자신에게 물어 보아야 한다. 결정을 내릴 때마다 항상 큰 믿음이 요구되는 것은 아니지만, 지금 듣고 있는 것이 진짜 하나님의 음성이라는 확신이 서지 않은 가운데 어떤 결단을 내리려 할 때에는 이러한 질문이 그 음성의 기원을 판단하는 데 도움이 된다.

이 땅에 계시는 동안 예수님께서는 항상 사람들에게서 믿음의 대답을 찾고자 하셨다. 단지 말씀하시는 것만으로 끝낼 수도 있었지만, 많은 경우 예수님의 음성은 그가 계시하신 것을 이해했다는 믿음의 반응을 사람들에게 요구했다.

영적인 용기

또한 하나님의 음성은 우리들에게 용기 있는 행동을 요구하는 경우가 많다.

여호수아 1장에서 이에 대한 좋은 예를 볼 수 있다. 하나님께서는 여호수아에게 용기를 북돋우는 메시지를 주시면서 불평하는 이스라엘 민족을 이끌고 요단강을 건너라고 명하셨다(수 1:1–9).

1절부터 9절에 걸쳐서 하나님께서는 여호수아에게 3번 이상 영적인 용기를 북돋워 주시고 있다. "강하고 담대하라 너는 내가 그들의 조상에게 맹세하여 그들에게 주리라 한 땅을 이 백성에게 차지하게 하리라"(수 1:6). "오직 강하고 극히 담대하여"(수 1:7). "내가 네게 명령한 것이 아니냐 강하고 담대하라"(수 1:9). 하나님의 명령에 순종하기 위하여 여호수아에게는 용기가 필요했던 것이다. 그는 모세의 발자취만을 따라가던 사람이었다. 그리고 기적과도 같은 지도력을 가졌던 모세조차 약속의 땅으로 이스라엘 민족을 인도하지 못하였음을 잘 알고 있었다. 그렇기 때문에 그 일을 이루기 위해서는 여호수아에게 어떤 영적인 용기가 반드시 필요했다. 우리들도 하나님께서 맡기신 일을 수행하기 위해서는 내적인 용기가 반드시 필요하다.

제자들도 "나를 따르라"는 예수님의 명령에 순종하기 위하여 용기가 필요했고, 바울도 한때 자기를 미워했던 사람들에게 설교하기 위하여 용기가 필요했다. 기드온 역시 대적들을 꺾기 위해 용기가 필요했다. 하나님께서 말씀하실 때 그 계획의 온전한 성취 여부는 어느 정도 우리들의 확신에 찬 용기 있는 영적 태도에 달려 있다. 하나님의 음성은 우리들을 소심한 제자로 만드시는 것이 아니라 담대한 증인으로 만들어 주신다.

분별력 있게

이제까지 설명한 5가지 사항을 마태복음 16장에 적용시켜 보고 일관성을 살펴보도록 하자. 첫째, "내가 죽으리라"고 하신 예수님의 말씀은 성경과 일치하는 것인가? 그렇다. 이사야 55장에 이 사실이 예언되어 있다. 둘째, 예수님의 말씀은 인간적인 지혜와 모순되는가? 명백히 그렇다고 할 수 있다. 죽임을 당하고 삼 일만에 다시 살아날 것이라는 예수님의 주장은 인간적인 논리에 완전히 어긋나는 일이다.

셋째, 예수님의 말씀은 베드로의 육적인 욕망과 충돌하였는가? 그렇다. 넷째와 다섯째, 예수님의 대답이 베드로의 믿음에 도전을 주고 용기를 요구하였는가? 확실히 그러했다. 베드로는 예수님의 부활 선언이 그의 믿음에 기념비적인 도전이 됨을 자신의 삶 속에서 여러 번 경험했다. 자기는 메시아이지만 곧 목숨을 잃을 것이라고 말하는 사람을 따르는 것이 그렇게 기꺼운 일이었을까? 또 인내로써 모든 것을 견디면서 예수님을 따를 용기가 그에게 있었을까? 확실히 하나님의 음성은 우리들에게 용기를 요구하신다.

마태복음 16장을 보면 베드로는 예수님의 말씀을 직접 들었음에도 불구하고 그가 말씀하신 것이 결코 일어나지 않을 것이라고 대답한다. 이때 예수께서는 베드로에게 하나님의 뜻에 마음을 두지 못하고 인간의 생각만을 좇고 있음을 탓하시고 "사탄아 내 뒤로 물러가라"고 꾸짖으신다. 예수님께서는 사탄이 베드로의 입술을 통해 십자가에서의 예수님의 죽음을 거스르고 있다는 것을 아셨기 때문이다.

물론 베드로는 열심과 흥분으로 인해 충성된 마음을 그렇게 표현했을 것이다. 그런데 오직 한 가지 문제점은 그것이 하나님께로부터 온 것이 아니라는 데 있었다.

우리가 분명히 알아야 할 것은 사탄은 속이는 일의 대가라는 점이다. 교묘하게 속임수를 써서 에덴동산의 아담과 하와를 유혹하여 하나님께 불순종하도록 만든 장본인이 사탄이었다. 그때와 마찬가지로 오늘날에도 사탄은 그럴싸한 말로 사람들을 속인다. 성숙한 그리스도인으로서 하나님께 귀 기울일 때 주님은 우리를 결코 잘못된 방향으로 인도하지 않으신다. 또 우리들이 성령 안에 거하는 법을 배우고 십자가의 참된 의미를 이해할 때 우리들을 지켜 주실 것이다.

사탄이 아무리 기묘하게 그 목소리를 가장한다 해도 우리들은 하나님의 음성과 사탄의 소리를 구분할 수 있다. 사탄이 우리에게 접근할 때는 마치 천사 같은 빛을 가지고 가장 그럴싸한 유혹을 해온다. 그렇기 때문에 믿는 자들이 사탄의 속임수에 넘어가 하나님의 음성을 들었다고 생각한다. 교회에 다니는 사람들 중 예수 그리스도가 하나님의 아들이 아니라는 계시를 하나님으로부터 받았다는 이들이 있다. 물론 이것은 거짓이다. 성경은 다음과 같이 말하고 있다.

> 사랑하는 자들아 영을 다 믿지 말고 오직 영들이 하나님께 속하였나 분별하라 많은 거짓 선지자가 세상에 나왔음이라 이로써 너희가 하나님의 영을 알지니 곧 예수 그리스도께서 육체로 오신 것을 시인하는 영마다 하나님께 속한 것이요 예수를 시인하지 아니하는 영마다 하나님께 속한 것이 아니니 이것이 곧 적그리스도의 영이니라(요일 4:1-3).

세대가 악하고 어두워질수록 하나님의 사람들에게 해로운 소리들은 더욱 많아진다. 하나님을 찾는 일을 꺼려하고 하나님을 아는 일에 소망을 두지 않는 사람들은 수많은 교리상의 실수에 영향을 받아 쉽게 흔들리게 된다.

사탄은 결코 정문에 와서 노크하면서 "여보세요, 사탄 왔습니다"라고 말하지 않는다. 뒷문으로 살며시 들어와서 가장 교활하고 그럴듯하며 설득력 있는 말로 우리를 유혹할 것이다. 믿는 자들을 속이기 위한 가장 좋은 방법은 종교적인 언어를 사용해 하나님의 새로운 메시지를 전파한다고 선언하는 것이다.

그러므로 믿는 자들은 다른 사람에게 배울 필요가 없는 성숙한 그리스도인이 되기 위하여 끊임없이 노력해야 한다. 물론 하나님께서 우리를 가르치는 자들로서 목회자를 허락하셨지만 개인적으로 자신의 영을 위해 양식을 공급하는 것이 가장 중요하다. 어떤 결정을 내리기 위해 하나님의 음성을 들으려 할 때, 항상 다른 사람의 도움을 받는 수준에 머물러 있어서는 결코 안 된다. 물론 때때로 상담이 필요할 수도 있다. 그러나 일반적인 경우에 누구나 하나님 앞에 낮아짐으로써 하나님의 음성과 사탄의 소리 또 하나님의 방법과 세상의 방법을 구별할 수 있어야 한다.

다른 사람들에게 미치는 영향

하나님께서는 우리가 믿는 자들로서 다른 사람들에게 미치는 영향에 대하여 염려하고 계신다. 어떤 음성을 들었다고 생각될 때 그 속에 다른 사람에 대한 포악하고 잔인한 태도가 있다면 그것은 하나님으로부터 온 것이 아니다. 하나님께서는 포기와 양보와 십자가와 죽음에 관하여 가르치신다. 또한 형제를 사랑하고 서로 짐을 져 주고 격려하며 다른 사람을 방해하지 말라고 가르치신다. 그러나 사탄은 우리들을 향하여 원하는 것은 무엇이나 할 수 있고 우리들의 생활이 다른 사람에게 끼칠 영향은 염려할 필요가 없다고 속삭인다. 그리고 모든 사람은 자신만을 위해 즐겨야 한다고 가르친다.

하나님께서 우리를 향해 말씀하실 때는 우리에게 가장 유익한 것을 생각하실 뿐 아니라 관계된 모든 사람에게도 선한 방법을 고려하신다. 하나님은 소수의 사람만이 아니라 모든 하나님의 사람들을 위해 항상 일하시는 분이기 때문이다.

잠잠하게 인내하며

성경에 의하면 하나님께서는 우리들이 성급하게 결정짓는 것을 결코 원치 않으신다. 하나님은 그와 같은 방법으로 역사하시는 분이 아니기 때문이다. 경제 활동을 하는 사람이라면 누구나 다 성공이 순간의 결정에 의해 좌우되지 않음을 알 것이다. 물론 하나님의 말씀을 재빨리 들어야 할 필요가 있을 때도 있지만 하나님께서는 우리들이 눈이 멀어서 다급해 하는 것을 결코 바라시지 않는다. 민첩하게 움직여야 할 때라도 하나님의 뜻 안에서라면 서두르지 않고 움직일 수 있다.

사탄은 항상 즉시 행동하라고 우리를 다그친다. 생각을 오래 하다 보면 우리들의 마음이 바뀌리라는 것을 알기 때문이다. 얼마나 많은 사람이 한 번 잘못 내린 결정으로 인해 평생 동안을 후회하며 사는지 모른다. 시편 27편 14절은 다음과 같이 우리들을 권면하고 있다. "너는 여호와를 기다릴지어다 강하고 담대하며 여호와를 기다릴지어다." 그리고 시편 62편 5절에도 다음과 같은 설명이 있다. "나의 영혼아 잠잠히 하나님만 바라라 무릇 나의 소망이 그로부터 나오는도다."

사울 왕은 성급하게 행동함으로써 왕위를 잃은 사람이다. 사울은 이스라엘을 다스리는 왕으로 하나님께 선택되어 선지자 사무엘에게 길갈에서 기다리라는 명령을 받았다.

너는 나보다 앞서 길갈로 내려가라 내가 네게로 내려가서 번제와 화목제를 드리리니 내가 네게 가서 네가 행할 것을 가르칠 때까지 칠 일 동안 기다리라(삼상 10:8).

그러나 칠 일째 되는 날에도 사무엘이 도착하지 않고 사나운 블레셋 군대가 진을 치자 사울은 자기 손으로 번제와 화목 제물을 준비하고 하나님의 환심을 사기 위해 번제를 드렸다. 그런데 번제 드리기를 마치자마자 사무엘이 도착했다. 사울은 어설프게 변명을 늘어놓지만 이 성급한 행동으로 인해 사울은 영원하고 평안한 왕권을 지속할 수 있는 자격을 박탈당하고 만다. 하나님의 뜻을 앞서 가는 것은 무서운 실수이며 쓰디쓴 결과를 낳는다.

한편 아닥사스다 왕의 술 따르는 자였던 느헤미야는 참을성 있게 하나님의 때를 기다림으로써 영광스런 결과를 맞이했다. 유다에 살다가 추방된 사람에게 예루살렘이 도살장과 같이 되었다는 이야기를 듣고 슬퍼하면서 느헤미야는 "앉아서 울고 수일 동안 슬퍼하며 하늘의 하나님 앞에 금식하며 기도하였다"(느 1:4)고 성경은 기록하고 있다.

그러나 느헤미야는 순간적인 행동을 취하지 않고 하나님 앞에서 기다렸다. 그는 넉 달 동안이나 주님께 간구하였는데 마침내 왕이 그에게 왜 그렇게 몰골이 초췌하냐고 물었다. 느헤미야는 그 상황을 왕에게 설명했고 결국 왕의 승인과 모든 필요한 건축 물자를 받아 예루살렘으로 돌아갔다. 느헤미야는 먼저 하나님께서 모든 것들을 제자리에 정리하시기를 기다린 다음 행동했던 것이다.

결과에 대한 고려

"행동해 버려라. 어서 계속해라. 결정을 내려라. 그리고 결과에 대해서는 염려하지 말라"고 사탄은 말한다. 그러나 하나님께서는 우리들의 행동에 의해 파급되는 결과에 관해서 염려하신다. 이제까지의 삶을 되돌아볼 때 우리들이 과거에 내렸던 판단의 결과를 고려한다면 다시 똑같은 선택을 할 수 있는 사람이 과연 몇 명이나 되겠는가?

만약 아브라함이 자신이 하갈과 관계함으로써 파급될 결과들을 가늠할 수 있었다면 그는 분명 하녀와 관계하여 자녀를 얻으라는 사라의 간청을 뿌리쳤을 것이다.

사탄은 우리에게 "먹고 마시고 결혼하라"고 권한다. 그러나 "내일이 되면 죽을 것이고 심판을 면할 수 없게 된다"는 사실은 알려 주지 않는다. 사탄은 결코 우리에게 성경을 일깨워 주는 녀석이 아니기 때문이다.

하나님께서는 말씀하실 때에 항상 마음속에 우리들의 미래를 계획하고 계시며 우리들 각 사람이 다음과 같이 질문하도록 만드신다. "내가 만약 이렇게 결정한다면 가족들과 직장에 어떤 영향을 미칠 것이며 주님 안에 거하는 삶에는 어떤 변화가 있을 것인가?" 오늘의 하나님이신 그분은 내일의 하나님이시기도 하기 때문이다.

경건한 상담

하나님께서 우리들이 다른 사람으로부터 충고를 받도록 인도하실 때가 있다. 이러한 경우에 하나님께서는 우리들이 상담을 맡은 전문가

들의 생활 방식을 검토하여 보기를 원하신다. 왜 믿는 자들이 믿지 않는 사람들에게 자신의 전 생애에 영향을 미치게 될 충고를 구하려 하는 것일까? 어떤 문제로 상담을 받을 때 되도록이면 자신에게 충고하는 사람을 영적인 면에서, 도덕적인 면에서 그리고 행동 면에서 꼼꼼히 살펴보아야 할 것이다. 비록 그것이 사업에 관련된 문제라 할지라도 단순히 직업상으로만 영향을 미치는 것이 아니라 가족 전체와 그 사람의 장래에까지 영향을 미칠 수도 있기 때문이다.

구원받지 못한 사람들은 지혜가 없다거나 훌륭한 충고를 할 수 없다는 뜻이 아니다. 그러나 믿는 자들은 당면한 문제에 대하여 영적인 영역과 성경 말씀에 관한 통찰력을 첨가하여 충고해 줄 수 있다. 성경과 무관한 충고는 우리를 파멸과 파괴의 길로 이끌 수도 있음을 명심해야 한다.

잠언에는 지혜로운 충고의 가치에 관한 이야기들이 많이 있다.

> 교만에서는 다툼만 일어날 뿐이라 권면을 듣는 자는 지혜가 있느니라(잠 13:10).

> 사람의 마음에 있는 모략은 깊은 물 같으니라 그럴지라도 명철한 사람은 그것을 길어 내느니라(잠 20:5).

목사였던 내 할아버지께서 나에게 다음과 같이 말씀해 주신 적이 있다. "찰스야, 살아가면서 무슨 일을 만나든지 항상 하나님께 완전히 순종하여라. 하나님께서 네 머리로 벽을 받으라고 하시면 구멍을 내 주실 것으로 믿고 그렇게 해라." 나는 할아버지의 충고를 한시도 잊은 적이 없다. 그리고 이 말씀은 지난 30년 간 내 목회 생활을 지탱해 준 버팀목이었다.

영적인 성장

하나님께서는 우리를 이미 택하셨고 예수 그리스도의 형상대로 변화되어야 할 자들로 정하셨다. 그렇기 때문에 하나님께서는 우리들의 영적인 성장을 자극하는 방향으로 가르치신다. 반면 영적으로 후퇴하도록 만드는 요소에 관해서는 결코 말씀하시지 않는다.

하나님께서는 우리들이 영적인 성숙을 방해하는 행동을 하거나 그러한 생활을 좇는 것을 싫어하신다. 알코올 중독자요 타락한 생활에 빠져 있는 남자와 사귀는 한 젊은 여자가 내게 와서 자신의 얘기를 털어놓은 적이 있다. 그렇게 타락한 남자임에도 불구하고 그녀는 하나님께서 그와의 결혼을 허락하셨다고 믿는다고 말했다. 그녀가 진정 하나님의 음성을 들은 것일까? 결코 그렇지 않다. 왜냐하면 그리한 결혼이 결코 그녀의 영적 성장에 도움을 줄 수 없기 때문이다.

마음의 평안함

하나님의 음성을 확신할 수 있는 가장 일반적인 특징은 영혼이 고요하고 잠잠해진다는 것이다. 처음에는 갈등과 투쟁으로 가득 차 있던 영혼이 말씀을 오랫동안 들을수록 고요해지고 더욱 평안해진다. 그래서 마침내 사도 바울이 평강이라 불렀던 것을 소유하게 된다. "모든 지각에 뛰어난 하나님의 평강"(빌 4:7)이 바로 그러한 평강이다. 이것은 마치 강한 요새처럼 우리를 둘러싸서 격동하는 분노와 근심 그리고 혼란으로부터 우리들을 지켜 준다.

내가 미국 남부 침례교 교단의 총회장으로 뽑히기까지의 과정은, 내 삶에서 가장 유난스러웠던 일 중의 하나로 꼽을 수 있다. 나는 총회장에 지명될지도 모르는 가능성을 놓고 어떻게 하는 것이 주님의 뜻인가를 찾으려고 여러 달 동안 기도했다. 때로는 한 주간 내내 기도하면서 조용하게 하나님의 음성에 귀를 기울이기도 했다. 총회가 열리기 전날 밤에도 나는 다시 한 번 주님의 음성을 듣고자 기다렸다. 그리고 하나님의 인도하심에 따라 총회장직을 수락하였다. 그 후 큰 소란과 갈등이 일어났지만 그 가운데서도 나는 온전한 평강과 확신을 가질 수 있었다. 주님과 씨름하면서 그 음성을 듣고자 노력했던 시간을 통하여 내가 이 일을 맡아야 함을 확신했기 때문이다. 중요한 순간이 다가왔을 때 올바른 결정을 내릴 수 있었던 것은 바로 여러 달에 걸친 기도와 하나님의 뜻을 찾는 마음 덕분이었다.

이처럼 마음에 평강이 찾아올 때 우리들은 하나님의 음성을 들었음을 확신할 수 있다. 어떤 사람이 내게 찾아와 특정한 문제에 관하여 자신에게 말씀하시는 하나님의 음성을 들었다고 말했다. 그러나 그는 전체적인 상황에서 볼 때 여전히 혼란스러워 보였다. 그래서 나는 그에게 정말 하나님의 음성을 들은 것이냐고 되물어 보았다. 사실, 정말로 하나님의 음성을 들은 사람은 누군가에게 그것을 들려주고 확인하려 들지 않는다. 그것이 하나님의 결정임을 그들 스스로가 잘 알기 때문이다.

불순종하는 경우에는 결코 하나님의 평강이 임하지 않는다. 이성으로는 믿을 수 있겠지만 결코 영혼을 통해 믿을 수 없고 믿음을 발동시킬 수 없기 때문이다.

> 처음에는 갈등과 투쟁으로 가득 차 있던 영혼이 말씀을 오랫동안 들을수록 고요해지고 더욱 평안해진다.

> 그리스도의 평강이 너희 마음을 주장하게 하라 너희는 평강을 위하여 한 몸으로 부르심을 받았나니 너희는 또한 감사하는 자가 되라(골 3:15).

어린 시절 나의 어머니는 "찰스야, 6시에 저녁 먹을 테니 그때까지 여기서 놀고 있어라"고 말씀하시곤 했다. 조금 놀다 보면 금방 6시가 되고 갑자기 "찰스야, 찰스야" 하고 부르는 소리가 들렸다. 나는 어머니의 음성을 단번에 알아들을 수 있었다. 그것은 내가 어머니의 음성을 들으며 자랐기 때문이다. 수천 명의 어머니들이 내 이름을 부를 수 있겠지만, 내 관심을 끄는 소리는 내 어머니의 음성밖에 없었다. 만약 우리가 구원받았다면, 하나님이 말씀하실 때 그것이 바로 우리의 이름을 부르시는 하나님 아버지의 음성임을 알아차릴 수 있다. 그것은 지극히 자연스럽고 정상적인 일이다.

How To Listen To GOD

하나님과의 대화 내용을 결정하는 요소

- 하나님과 우리들의 관계
- 하나님에 대한 이해
- 하나님에 대한 우리들의 태도
- 죄에 대한 문제

How To Listen To GOD

친밀함은 그리스도인의 삶에 있어서 매우 중요한 부분이다.
하나님께 어떤 말씀을 드리거나 기도할 때에는 하나님이 우리들과 함께 대화를 나누며
우리들의 이야기를 들어 주시는 친밀한 분임을 믿고 그 음성을 들어야 한다.
하나님은 항상 우리들이 의지할 수 있는 가까운 곳에 계신다.

지금까지 하나님께서 오늘날에도 여러 가지 방법을 통해 우리를 향하여 말씀하고 계심을 확인했다. 그렇다면 그 말씀의 내용을 결정하는 요소는 과연 무엇일까? 똑같은 일을 두고 기도하고 있는 두 개의 그룹이 있다고 가정해 보자. 그룹 A는 하나님으로부터 매우 긍정적인 응답을 받고 그룹 B는 부정적인 응답을 받을 수 있다. 그룹 A는 격려받고 용기를 얻은 반면 그룹 B가 좌절하게 되는 이유는 무엇일까? 하나님께서는 두 그룹을 똑같이 사랑하시지만 두 그룹이 들은 하나님의 말씀은 본질적으로 매우 다르다. 이러한 차이점은 하나님께서 자녀들과 대화하시는 내용에 영향을 미치는 다음 3가지 기본적인 요소로 설명할 수 있다.

하나님과 우리들의 관계

하나님의 응답에 영향을 미치는 첫 번째 요소는 하나님과 우리들과의 관계이다. 믿지 않는 자가 하나님으로부터 들을 수 있는 유일한 메시지는 '너는 예수 그리스도를 구주로 삼아야 할 죄인'이라는 것뿐이다. 그 사람이 그리스도가 바로 자신의 메시아임을 깨닫게 될 때까지 하나님께서는 '구원' 이외의 다른 일에 관하여 그에게 말씀하시지 않을 것이다.

그렇다면 우리 믿는 자들을 향해서는 어떤 말씀을 하실까? 하나님과의 관계와 하나님으로부터 듣는 말씀의 내용 사이에는 깊은 관련이 있다. 먼저 우리들과 하나님과의 관계에는 두 가지 면이 있다.

첫째, 우리가 구원을 받았다는 것이다.

믿음으로써 예수 그리스도를 개인적인 구주로 영접하였을 때 성경은 우리들이 거듭났다고 말한다. 어둠의 왕국에서 빛의 왕국으로 옮겨 와 하나님의 자녀가 된 것이다. 구원에 대한 경험은 바로 하나님과 우리들의 관계의 시작이라고 할 수 있다.

둘째, 우리들이 성화를 이루어 가야 한다는 것이다.

구원이 우리의 생명이 영원히 안전하게 보호받는 것을 약속해 준다면, 성화는 우리들이 매일의 삶 속에서 승리를 얻도록 해 준다. 즉 성화란 그리스도의 삶이 나의 것이 되고 내 삶이 곧 그리스도의 것이 됨을 의미한다.

> 그런즉 이제는 내가 사는 것이 아니요 오직 내 안에 그리스도께서 사시는 것이라(갈 2:20).

갈보리에서 그리스도가 당한 일을 나도 당하고, 그리스도가 십자가에 못 박혔으므로 나도 십자가에 못 박히고, 그리스도가 무덤에 묻히셨으므로 나도 무덤에 묻히고, 그리스도가 다시 살아나셨으므로 나도 다시 사는 것이 바로 성화이다. 성화는 로마서 6장의 주제이다. 죄의 세력이 쓰러졌음을 믿음으로 받아들이고 예수 그리스도를 닮아가는 성화되는 삶을 살 때, 우리들은 성령 안에 자유로이 거하게 되고, 하나님께서 원하시는 자유를 얻게 되며, 예수 그리스도께서는 우리 한 사람 한 사람을 통하여 역사하시게 된다. 구원받고 용서받고 자녀가 되는 것이 우리들과 하나님의 관계이다. 우리들은 이러한 관계를 통하여 자신이 십자가에 의해 구원받았고 매일의 삶이 하나님께 기쁨과 영광을 드리는 생활이라는 확신과 평안을 누릴 수 있게 된다. 구원과 성화, 이 두 가지에 따라 우리들이 하나님으로부터 듣는 말씀에 차이가 나타난다.

하나님의 사랑 안에서 구원을 받고 그 자비로 살아가는 자는 멀리 계신 하나님으로부터 말씀을 듣는 것이 아니다. 모든 것을 변화시킬 수 있는 위대한 분, 개인적인 관계를 맺을 수 있을 정도로 우리들을 사랑하시는 바로 그분으로부터 말씀을 듣는 것이다. 구원받고 성화를 이루어 가는 성도는 하나님 앞에 나아가 땅에 엎드려 애걸하면서 그분이 자신을 받아 줄지 아닌지를 염려하지 않아도 되는 것이다.

나는 예수 그리스도를 닮아 가는 성화를 통하여 이미 예수님께서 모든 것을 이루어 놓으셨기 때문에 행위가 아닌 믿음으로 내가 하나님께 받아들여졌음을 깨닫고 하나님 앞에 담대히 확신을 가지고 나갈 수 있게 되었다.

하나님은 내게 신실하며 자비로운 목자이시다. 그리고 나와 함께 친밀한 교제를 나누는 아버지이시다. 나는 이제 하나님이 계신 곳 주변을 서성대는 자가 아니다. 왜냐하면 나를 합법적으로 하나님 가족이 되게 하여 주시고, 아들로서 매일 하나님 앞에 나올 수 있게 하시려고 예수님께서 피를 흘리심으로 값을 치르셨기 때문이다. 그러므로 나는 예수님의 음성을 알아들을 수 있는 "주의 목장의 양"이 된 것이다(시 79:13).

하나님에 대한 이해

하나님의 응답에 영향을 미치는 두 번째 요소는 하나님에 대한 이해이다. 하나님과의 관계뿐 아니라 하나님을 어떻게 이해하느냐에 따라서도 우리들이 듣는 내용이 달라진다. 사람들은 무의식적으로 다른 사람에게서 배운 것을 기초로 자신의 관점을 확립하게 된다. 그래서 하나님에 대한 우리들의 관점도 어린 시절에 배운 것이나 부모님의 가치관에 따라 크게 좌우되기 마련이다. 실제로 낢은 사람이 사신의 내적 자아 속에 학교 선생님이나 주일 학교 교사 혹은 설교자 등에게서 배운 하나님에 대한 개념을 심어 놓고 있다. 하나님에 대한 현재 우리들의 인식도 아마 그러한 사람들에게서 전수받은 그대로인 경우가 많을 것이다.

한번은 두 젊은이와 함께 공항에 간 적이 있었다. 공항 가는 길에 운전을 하던 젊은이가 먼저 이야기를 꺼냈다. 그는 16시간 동안 계속해서 내 설교 테이프를 들으면서 운전한 적이 있다고 했다. 거의 하루 종일 내 설교를 듣고 난 후, 그는 자신의 삶을 뒤엎는 변화에 놀랐고 그 메시지를 통하여 부모님과의 관계와 주님과의 관계를 강화할 수 있었다고 고백했다.

다른 한 젊은이는 계속 듣기만 하더니 공항에 거의 다 도착해서야 입을 열었다. 그는 하나님께서 자신의 삶 속에서 어떤 역사를 하시는지 잘 모르겠고 왜 불러 주셨는지조차 혼란스럽다고 말했다. 내가 부모님과의 관계가 어떠냐고 물어 보았더니 아버지가 매우 권위적인 사람이라고 대답했다. 그리고는 묻지도 않았는데 갑자기 격하게 말했다. "기도하려고 하나님 앞에 앉으면 아버지에게 말할 때처럼 감정이 말라 버려요. 꼭 아버지를 대하는 것 같다니까요. 아버지같이 나를 용납해 주지 않는 하나님의 이미지밖에 떠오르지 않아요. 그분 앞에서는 결코 기대하는 것만큼 해낼 수가 없어요."

많은 사람이 이 젊은이처럼 두려운 마음으로 하나님께 접근하고 있는데 이것은 다른 사람들의 가르침이나 행동, 태도 등에 의해 하나님을 왜곡되게 인식하고 있기 때문이다. 우리들이 하나님을 어떻게 이해하느냐에 따라 하나님께서 들려주시는 말씀이 분명히 달라진다. 그래서 나는 여기에 하나님의 본질을 이해하는 데 필요한 7가지 사항을 밝혀 보고자 한다.

1. 사랑의 아버지와 강요하는 아버지

하나님께서 말씀하실 때에 어떤 이들은 진정 자신에게 관심을 기울이며 용서를 베푸시는 사랑의 아버지 하나님을 생각하는가 하면, 항상 성취해야 할 수준을 높이고 큰 기대를 걸면서 이를 만족시켜 주기를 강요하는 엄한 분으로 생각하는 이들도 있다. 또 어떤 이들은 있는 그대로의 모습으로 자신을 용납하여 주시는 음성을 듣는가 하면, 항상 현재의 모습인 B를 버리고 A의 모습이 되기를 원하는 음성을 듣는 이도 있다. 그리고 기도할 때에도 어떤 이들은 사랑으로 감싸 주고 포옹해 주시는 아버지 앞에 나아오는 반면, 정죄 받고 있다고 느끼면서 아버지 앞에 서는 이들도 있다.

즉 우리는 누구나 다음과 같은 두 가지 음성 중 하나를 듣게 된다. 한 가지는 "그래, 됐다. 다음에는 나를 믿기만 하면 된다. 내가 네 즐거움이 넘치게 할 것이다"라고 말씀하시며 용납하시는 사랑의 아버지의 음성이요, 다른 한 가지는 "또 잘못을 저질렀구나. 내가 이른 것을 왜 행하지 못했느냐"라고 꾸짖고 강요하는 음성이다.

후자는 결코 성경이 가르치는 하나님이 아니다. 우리들이 섬기는 하나님은 무엇보다도 사랑의 하나님이심을 깨닫고 이해해야 한다.

2. 친밀한 친구와 거리가 먼 친구

하나님의 말씀을 들을 때에 어떤 이들은 마치 친밀한 친구의 이야기를 듣는 것처럼 느끼는 반면 우연히 만난, 잘 알지 못하는 사람의 말을 듣는 것처럼 느끼는 이들도 있다. 친밀함은 그리스도인의 삶에 있어서 매우 중요한 부분이다. 하나님께서는 우리들과 하나님 사이에 친밀한 관계가 세워지기를 원하신다. 이에 대한 가장 명백한 증거는 바로 예수 그리스도께서 친히 우리 가운데 거하시기 위하여 인간의 몸을 입고 오셨다는 사실이다.

오늘날 대부분의 사람들이 친밀함을 성관계에 결부시켜 생각하는 경향이 있다. 그러나 사실 가장 큰 친밀감은 우정과 감정적 친근함에 의하여 생긴다. 하나님께 어떤 말씀을 드리거나 기도할 때에는 하나님이 우리들과 함께 대화를 나누며 우리들의 이야기를 들어 주시는 친밀한 분임을 믿어야 한다. 하나님은 항상 우리들이 의지할 수 있는 가까운 곳에 계신다. 별로 안 친한 친구라면 우리들이 관심을 가지고 있는 문제가 자신이 염려하는 일과 동일한 경우에나 우리들의 기도에 귀를 기울일 것이다. 그러나 친밀한 친구는 우리의 기도가 무엇에 관한 것이건 귀를 기울여 줄 것이다. 하나님을 친밀한 친구로 이해하느냐 혹은 안면이나 있는 먼 존재로 느끼느냐에 따라 하나님과의 대화의 문이 열리는 정도가 결정된다.

소년 시절에 나는 신문팔이를 했었다. 그때 나를 가르치던 한 선생님이 길 모퉁이에서 자주 내 신문을 사 주시곤 했다. 물론 그분은 집에서 신문을 구독하고 있었지만 내게 신문을 사고는 잠깐씩 얘기를 나누었다. 주로 선생님이 나를 생각하고 있으며 나를 위하여 기도하고 있다는 그런 이야기였다. 태어난 지 일곱 달 만에 아버지를 여읜 나는 그 선생님에게서 아버지의 모습을 찾을 수 있었고, 하나님이 나 찰스 스탠리에게 관심을 가지지 못할 만큼 바쁜 분이 아니라는 것을 알게 되었다. 그 선생님은 내 마음에 용기를 심어 주셨다. 또한 하나님이 자기 일로 너무 바빠 나를 돌아볼 여유가 없는 분이 아니라 나를 사랑해 주는 친구이며 조건 없이 용납하여 주는 분임을 느끼게 해 주심으로써, 하나님에 대한 가장 균형 잡힌 관념을 갖게 도와주셨다.

3. 인내심이 많은 스승과 용납하지 않는 스승

어떤 일에 실패를 하거나 실수를 범한 뒤 하나님 앞에 나아가 잘못을 고백할 때 하나님께서 과연 어떻게 맞이해 주시리라고 생각하는가? "이해한다. 자, 네가 잘못한 것과 이해하지 못한 점 그리고 좌절할 수밖에 없었던 이유를 보여 주겠다. 그리고 다음번에 또 이런 일이 일어났을 때 그것을 피할 수 있는 방법을 가르쳐 주겠다. 그렇지만 또 실수한다 해도 계속 너를 사랑할 것이다. 너를 용납한 것은 네 행위 때문이 아니라 내 자비로 인한 것이기 때문이다. 나의 궁극적인 목적은 너를 진정 내가 원하는 사람으로 만들고 내 아들의 형상을 따라 변화시키는 것이므로 네가 또 비틀거리고 쓰러진다 해도 나의 영으로 너를 가르칠 것이다. 그러니 그대로 있거라. 내가 항상 너와 함께 하겠다"고 하나님께서는 말씀하실 것이다.

그러나 다음과 같은 대답을 들을 것이라고 생각하는 사람도 있다. "또 실수를 저질렀구나. 내가 원하는 방법은 이런 것이라고 일러 주었거늘 왜 그 돌 같은 머리는 그것을 기억하지 못한단 말이냐? 같은 말을 몇 번씩 되풀이하는데도 계속해서 잘못을 저지르는구나."

만약 우리들이 하나님을 우리들의 본질과 무지를 아시며 참 그리스도인의 향기를 지니지 못한 채 저급한 감정을 품는 자들임을 이해해 주시는 관대한 스승이라고 생각한다면, 좀 더 열린 마음과 배우고자 하는 자세를 가지고 하나님의 말씀을 듣게 될 것이다. 그러나 하나님을 우리들의 영적인 이해력이 부족함을 꾸짖으시는 비판적인 스승이라고 생각하게 되면, 잘못이나 실패를 결코 용납하지 않는 이 엄격한 스승에게 벌 받을 것을 항상 두려워하며 지내게 된다. 그리고 인간에 의해 조작된 소리를 듣게 되며 결코 성경 말씀에 의거한 참 하나님의 음성을 들을 수 없게 된다.

하나님에 대한 관념이 잘못 형성된 이유 중 하나는 교회에 갔을 때나 텔레비전을 켰을 때, 심지어 책을 읽는 가운데서조차 "당신은 하나님께 죄를 범했다", "당신은 불순종하는 자다", "당신은 이 일을 하지 못했다", "당신은 이것을 해내야만 한다", "하나님께서 기분 나빠 하신다", "하나님께서 화나셨다" 등의 잘못된 말들을 들으며 살아왔기 때문이다. 그러나 이렇게 우리에게 상처를 주었던 말들은 결코 성경에서 말하는 하나님의 인격이 아니다. 성경이 보여 주고 있는 하나님은 인내와 이해로써 우리들을 만나 주시는 분이다. 결코 비판적이거나 완고하고 엄격한 분이 아니시다. 또한 하나님의 기대를 만족시키지 못했다고 해서 우리가 자기 자신을 하찮게 여기도록 만들거나 우리들을 비판하는 분도 아니시다.

4. 친절한 안내자와 성마른 안내자

우리들은 누구나 인생에서 진로를 벗어나 우회하는 경우가 있다. 옳은 길이라고 믿고 나아갔지만 결과적으로 아무것도 얻지 못하고 에너지만 소모하는 수도 있다. 이때 하나님께서는 무엇이라고 응답하실까? 성경은 이러한 경우 하나님의 응답을 다음과 같이 설명해 주고 있다. "그만두어라, 찰스야. 지금 너는 네가 달려야 할 트랙에서 벗어났다. 네가 이런 식으로 계속 나간다면 결과적으로 불행해질 것이다. 옳은 길로 다시 돌아가기 위해 네가 해야 할 일을 가르쳐 주겠다." 물론 하나님께서는 우리가 잘못된 길을 가고 있을 때 우리들을 꾸짖으심으로써 바른 위치로 돌아가도록 인도하실 것이다. 그러나 성경 어디에도 하나님께서 방황하는 자녀에 대하여 화를 내셨다고 말하는 구절은 없다. 우리가 하나님께 불순종할

> 하나님은 인내와 이해로써 우리들을 만나 주시는 분이다. 결코 비판적이거나 완고하고 엄격한 분이 아니시다.

때 하나님은 화를 내시는 것이 아니라 마음으로 슬퍼하신다. 그리고 우리 안에 거하시는 성령께서는 하나님의 사랑과 인도하심을 다시금 일깨워 주신다. 이러한 훈계 체계가 역사하기 시작하면 어둠 속에 있던 우리들에게 빛이 비취게 되고 자신이 하나님의 뜻에 어긋났으며 잘못된 방향으로 가고 있었음을 깨닫게 될 것이다.

잘못된 판단을 내렸을 때 가혹하게 꾸짖고 벌주시는 하나님을 생각하는 사람은 하나님 앞에 나올 때에 항상 죄의식, 정죄함, 당혹감, 두려움, 근심 등에 싸이게 된다. 그리고 이러한 관점에서 하나님을 보는 사람은 속박을 받으며 살아갈 수밖에 없다.

오늘날 교회가 약화된 이유 중 하나가 하나님에 대한 이런 부정적인 생각들 때문이다. 하나님을 성마른 안내자로 여기는 것은 하나님을 바르게 이해하지 못했기 때문이다. 그리고 이렇게 잘못된 관점을 가지고 있는 사람은 하나님 앞에 나갈 때 믿음 안에서 구하는 자가 되지 못하고 구차하게 구걸하는 자가 되어 버릴 것이다.

5. 이해심 많은 상담자와 민감하지 못한 상담자

하나님 앞에 마음의 고통이나 두려움을 호소했을 때 어떤 응답을 들을 것이라고 생각하는가? "됐다. 네 기분을 이해한다. 왜 네가 상처를 받았는지 알고 있다. 그리고 네가 실패한 이유도 알고 있다. 내

가 너를 사랑하고 있으며 도와줄 것이다"라는 응답을 생각하는 사람도 있을 것이다.

반대로 하나님 앞에 나아가 다음과 같이 말하는 사람도 있다. "주님, 당신 앞에 나오기가 정말 부끄럽고 이런 말씀을 드리기도 싫습니다. 저는 모든 일에 있어서 악하며 죄를 범했습니다. 용서를 구한 적이 너무 많아 이제는 저를 당신 앞에 나오지 못하게 하신다 해도 할 말이 없습니다. 하나님, 이번 한 번만 더 용서해 주세요." 우리들이 영혼의 상처와 삶의 좌절을 하나님 앞에 내려놓았을 때 하나님께서는 결코 우리들에게 정죄의 화살을 던지거나 우리들의 머리 위에 그 죄를 쌓아 올리시지 않는다.

사람은 누구나 자신의 진실을 모두 털어놓을 수 있는 상담자가 필요하다. 믿는 자들인 우리들에게는 아무것도 숨길 수 없는 그런 상담자가 한 분 계시는데, 바로 하나님 아버지이시다. 하나님께서는 우리들의 모든 것을 알고 계시며 우리들은 무엇이든지 원하는 대로 하나님께 의논드릴 수 있다. 심지어 자신이 하나님을 어떻게 느끼고 있는가에 대해서까지도 말씀드릴 수 있다. 비록 그 느낌이 고귀한 것이 아니라 할지라도 그렇게 할 수 있다. 우리들이 무슨 생각을 한다고 해도 하나님은 여전히 우리들을 사랑하는 이해심이 깊은 상담자이시기 때문이다.

따라서 우리들은 하나님 앞에 자신의 모든 것을 내어놓을 수 있다. 하나님은 이러한 우리들을 조건 없이 용납하여 주실 것이다. 하나님은 문제를 안고 나아온 자녀를 감싸 주시며 "됐다. 됐어"라고 말씀해 주시는 분이다. 사실 낙심하고 환멸을 느낀 마음에 "모든 일이 잘될 것이다"라는 말처럼 위로가 되는 말이 없다. 우리들의 문제에 관하여 민감하지 못하고 오히려 짜증을 내며 기대에 어긋났다고 꾸짖으며 동정이나 사랑이 없이 오직 거룩과 공정성만을 기준으로 삼는 상담자에게는 결코 자신의 문제를 내놓을 수 없을 것이다.

우리들은 대부분 뼈저린 슬픔을 겪어 보았다. 그러한 때에 위로를 주었던 이들은 누구인가? 단지 말없이 함께 있어 주고 같이 울어 주며 마음의 상처를 진심으로 어루만져 주던 사람들이었을 것이다. 이렇게 긍휼히 여기는 마음이 바로 하나님의 심정이다.

성경에 의하면 예수님께서는 군중들을 치료하고 먹여 주시면서 "무리를 보시고 불쌍히 여기셨고"(마 9:36), 예루살렘을 돌아보시고는 "가까이 오사 성을 보시고 우셨다"(눅 19:41)고 했다. 다윗은 시편 103편 8절에서 다음과 같이 노래하고 있다. "여호와는 긍휼이 많으시고 은혜로우시며 노하기를 더디 하시고 인자하심이 풍부하시도다."

6. 관대한 공급자와 인색한 공급자

하나님 앞에 어떤 간구를 드렸을 때 영광 속에 부요하심을 따라 풍성히 베풀기를 즐거워하시는 하나님의 음성을 듣는가? 아니면 마지못해 내어 주며 우리들의 모든 요구 사항을 영적인 거래 내역의 전표에 달아 두는 인색한 하나님의 음성을 듣는가?

하나님은 결코 우리들과 셈을 하시는 분이 아니다. 오히려 우리들의 삶에 무한정 복 주기만을 원하시는 분이다. 우리들이 경제적인 문제로 인해 하나님 앞에 나갔으나 하나님을 관대한 공급자로 여기지 않았다고 생각해 보자. 이때 우리들은 두 가지 타격을 동시에 받게 되는데 첫째는 우리 자신의 믿음이 이미 흔들렸다는 것이고, 둘째는 하나님의 복을 받는 데에 문제가 발생하게 된다는 것이다. 우리 자신의 가치와 우리가 받게 되는 축복과는 아무런 관계도 없다. 우리들은 오직 하나님의 한없는 자비와 사랑과 긍휼의 자원으로부터 오는 축복만을 구할 수 있을 것이다. 우리들이 하나님 앞에 담대히 나갈 수 있다는 사실을 강조해 주는 비유로서 탕자 이야기를 들 수 있다(눅 15:11-32). 여기에서 우리들은 그 자녀를 위하여 놀라운 복을 베풀어 주시는 하나님의 모습을 보게 된다. 이러한 하나님의 모습을 깨닫는다면 우리들은 결코 탕자가 되어 방황하지 않을 것이다. 왜냐하면 우리들은 왕의 자녀이며 하나님은 인색한 분이 아니라 선한 것으로 관대하게 우리를 채우시는 분이기 때문이다.

그러나 하나님께서 주실 복을 계산하면서 인색한 마음으로 구할 때에는 결코 하나님의 넘치는 복을 받지 못한다. 믿음으로 나가지 못하고 의심하였기 때문이다. 이렇게 하나님에 대하여 잘못된 관념을 가지고 있을 때는 옳은 메시지를 듣지 못하고 만다.

7. 신실한 지지자와 변덕스러운 지지자

전능하신 하나님은 우리들의 편이고 우리들의 지지자이시다. 그러므로 모든 사람이 우리를 버릴지라도 우리들은 하나님께 의지할 수 있고 아무도 우리와 함께 있는 것을 원하지 않을 때에도 하나님께서 우리 곁에 계실 것이다. 하나님은 신실하며 변함이 없는 분이시다. "주님, 당신은 지금 어디에 계십니까? 제게는 주님의 음성이 들리지 않습니다. 왜 저에게 아무 말씀이 없으십니까?"라고 기도하는 사람들이 있는데 이것은 하나님을 잘못 알고 있기 때문이다. 성경은 하나님의 자비가 매일 아침 새롭고 신실하다고 말하고 있다. 그러므로 우리가 아침에 일어나건 정오에 일어나건 하나님의 부드러운 자비는 항상 우리를 기다리고 있을 것이다. 하나님께 기도드릴 때 자신이 과연 옳은 이야기를 하였는지에 대해서 염려할 필요가 없다. 단지 하나님이 자신의 편임을 깨닫고 항상 뒤에서 지켜 주심을 감사드리면서 하나님 앞에 나아가기만 하면 된다. 우리들이 하나님께 어떤 도움을 요청할 때 하나님께서는 다음과 같이 대답해 주실 것이다. "내가 너와 함께 있다. 나의 사랑과 자비와 전지전능함을 힘입어 이 일을 극복하여라. 너는 나의 능력을 입었다."

하나님에 대한 우리들의 태도

하나님의 응답에 영향을 미치는 세 번째 요소는 하나님에 대한 우리들의 태도이다. 하나님 앞에 나아갈 때 반항적이고 무관심하고 교만한 태도를 가지면 하나님께서 우리에게 하고자 하시는 말씀을 걸고 들을 수가 없다. 그러므로 말씀을 들으려 할 때 하나님에 대하여 바른 태도를 가지는 것이 매우 중요하다.

첫째, 순종하는 자세를 가져야 한다.

우리들은 하나님 앞에 나아갈 때 기꺼이 자신을 낮추고 하나님의 뜻대로 행해야 할 필요가 있다.

둘째, 신뢰하는 자세를 가져야 한다.

하나님께서 우리들을 의의 길로 인도하실 것을 절대적으로 믿고 확신해야 한다. 전적으로 신뢰하지 않는 한 결코 하나님과 온전하게 친밀해질 수 없다. 하나님을 신뢰한다는 것은 하나님이 절대적으로 완전하게 믿을 만한 분이라는 것을 인정하는 행위이기 때문이다.

셋째, 감사하는 태도를 가져야 한다.

비록 어제는 재앙을 만났다 할지라도 오늘은 감사함으로 하나님의 문에 들어가며 찬송함으로 하나님의 궁전에 들어갈 수 있게 되기 때문이다.

죄에 대한 문제

우리들이 죄에 빠져 방황할 때 그것이 하나님을 향한 우리들의 태도에 올무가 될 수도 있다. 그러나 우리들이 의지적으로 혹은 충동적으로 죄를 짓는다 해도 하나님은 여전히 우리들의 사랑의 아버지, 친밀한 친구, 인내심이 많은 스승, 친절한 안내자, 이해심 많은 상담자, 관대한 공급자, 신실한 지지자가 되어 주신다. 이것을 이해하지 못하면 어려워진다. 성경이 말하는 하나님은 결코 우리들이 죄를 지었다고 해서 멸망시키고자 하시는 분이 아니다. 사랑하는 아버지가 그 자녀가 잘못된 행동을 하였다고 해서 멸망시켜 버리겠는가? 내쫓아 버리겠는가? 그렇지 않다. 우리들이 신의를 저버렸다고 해서 친밀한 친구가 등을 돌리겠는가? 우리가 실패했을 때 인내심 많은 스승이 화를 내겠는가? 친절한 안내자가 우리들이 방황한다고 해서 적대적인 사람이 되겠는가? 이해심이 많은 상담자가 우리들이 실수를 저질렀을 때 악의를 품겠는가? 관대한 공급자나 신실한 지지자가 우리들이 요청하기를 두려워한다고 해서 그들의 호의를 중단해 버리겠는가? 너무나 많은 사람이 하나님에 대한 부정적인 관념으로 인해 감정적으로 혹은 영적으로 속박을 받고 있다. 교회가 강한 군대가 되지 못하고 예수 그리스도에 대하여 감격하지 못하며 넘치도록 하나님을 영광스럽게 하지 못하는 이유가 바로 이것이다. 하나님을 너무나 두려워하고 있기 때문에 예수 그리스도의 복된 소식을 담대함과 확신을 가지고 전하지 못하게 되는 것이다.

> 전적으로 신뢰하지 않는 한 결코 하나님과 온전하게 친밀해질 수 없다. 하나님을 신뢰한다는 것은 하나님이 절대적으로 완전하게 믿을 만한 분이라는 것을 인정하는 행위이기 때문이다.

　우리들은 참된 진리를 듣지 못하였기 때문에 진리 안에서 살아갈 수가 없었고 죄와 그 영향력을 줄일 수 없었던 것이다. 하나님께서 우리들을 향하여 말씀하고 계신다는 사실을 아는 것만으로는 이것을 해결하기에 부족하다. 하나님의 명령을 수행하기 위해서는 우리들이 섬기고 있는 하나님의 성품을 이해해야 한다. 하나님께서 우리들에게 계시하시는 것은 우리들과 하나님과의 관계, 하나님에 대한 우리들의 이해와 태도 등에 의하여 영향을 받는다. 이러한 요소 가운데 어느 것 하나라도 왜곡된다면 하나님께서 전하시는 메시지를 논리적으로 비틀어 버리게 된다. 이러한 요소들이 성경의 원칙들과 조화를 이룰 때에 우리들이 들은 음성이 "회전하는 그림자도 없으신"(약 1:17) 하나님께로부터 온 것임을 확신할 수 있게 된다.

How To Listen To GOD

하나님의 음성을 듣고 있는가?

- 기대하면서
- 고요하게
- 인내하며
- 적극적으로
- 확신을 가지고
- 의지하면서
- 열린 마음으로
- 주의 깊게
- 조심스럽게
- 순종하는 마음으로
- 감사하면서
- 경건한 마음으로

How To Listen To GOD

성령의 가르침 없이는 결코 하나님의 음성을 깨달을 수 없다.
하나님께서 우리들에게 성령 충만할 것을 명하시는 이유는
성령께서 우리들에게 섬길 수 있는 힘을 주실 뿐 아니라
우리들이 하나님의 말씀을 듣기 위해 반드시 필요한 도움을 주시기 때문이다.

여호와께서 사무엘을 부르시는지라 그가 대답하되 내가 여기 있나이다 하고 엘리에게로 달려가서 이르되 당신이 나를 부르셨기로 내가 여기 있나이다 하니 그가 이르되 나는 부르지 아니하였으니 다시 누우라 하는지라 그가 가서 누웠더니 여호와께서 다시 사무엘을 부르시는지라 사무엘이 일어나 엘리에게로 가서 이르되 당신이 나를 부르셨기로 내가 여기 있나이다 하니 그가 대답하되 내 아들아 내가 부르지 아니하였으니 다시 누우라 하니라 사무엘이 아직 여호와를 알지 못하고 여호와의 말씀도 아직 그에게 나타나지 아니한 때라 여호와께서 세 번째 사무엘을 부르시는지라 그가 일어나 엘리에게로 가서 이르되 당신이 나를 부르셨기로 내가 여기 있나이다 하니 엘리가 여호와께서 이 아이를 부르신 줄을 깨닫고 엘리가 사무엘에게 이르되 가서 누웠다가 그가 너를 부르시거든 네가 말하기를 여호와여 말씀하옵소서 주의 종

이 듣겠나이다 하라 하니 이에 사무엘이 가서 자기 처소에 누우니라 여호와께서 임하여 서서 전과 같이 사무엘아 사무엘아 부르시는지라 사무엘이 이르되 말씀하옵소서 주의 종이 듣겠나이다 하니(삼상 3:4-10).

"말씀하옵소서 주의 종이 듣겠나이다." 얼마나 아름다운 대답인가! 엘리는 사무엘에게 하나님의 말씀을 듣는 방법을 가르쳐 주었다. 마찬가지로 오늘날의 우리들도 하나님의 사람이 되고자 한다면 하나님께서 우리들을 향해 하시는 말씀을 들을 수 있는 방법을 배워야 할 것이다.

기대하면서

하나님의 말씀을 들으려면 기대하는 마음을 가지고 하나님 앞에 나가야 한다.

예레미야 33장 3절에서 이와 같은 열심을 볼 수 있다. "너는 내게 부르짖으라 내가 네게 응답하겠고 네가 알지 못하는 크고 은밀한 일을 네게 보이리라." 성경을 통하여, 하나님께서는 우리들에게 말씀을 들려주겠다고 약속하셨다. 그러나 만약 우리들이 이러한 하나님의 능력을 의심하면서 그 앞에 나온다면 하나님으로부터 말씀을 듣는 것은 어려워진다. 하나님의 약속을 신뢰하며 기대하는 것이 바로 믿음의 표현이다. 이러한 믿음이 없이는 하나님을 기쁘시게 할 수 없다고 성경은 말하고 있다(히 11:6). 따라서 우리들은 여호와의 말씀을 들고자 할 때 커다란 기대를 가지고 나아가야 한다.

이러한 기대감은 하나님의 신실성에 그 기초를 두고 있다. 엘리야가 450명의 바알 선지자와 400명의 아세라 선지자를 대면하여 무례하리만큼 담대하게 행한 것을 보라. 바알 선지자들은 송아지를 잡아 제단을 쌓고 이를 태워 버릴 불을 하늘로부터 내려 달라고 간구하지만 아무런 일도 일어나지 않았다. 엘리야는 이러한 거짓 선지자들을 조롱한 뒤 참 신이신 여호와의 이름을 불렀다. 이스라엘의 하나님 앞에 간구하려고 할 때에 엘리야의 의기양양한 표정을 상상해 볼 수 있을 것이다.

엘리야는 먼저 쌓아 놓은 나무와 송아지에다 물을 큰 항아리로 네 항아리나 붓게 했다. 그리고 나무가 완전히 젖게 하려고 네 항아리의 물을 더 붓게 했다. 또 혹시나 충분히 젖지 않았다고 할 사람이 있을까 염려하여 네 항아리를 더 붓도록 했다. 그래서 마침내는 "물이 제단으로 두루 흐르고 도랑에도 물이 가득 찼다"(왕상 18:35)고 성경은 기록하고 있다. 과연 엘리야가 하나님의 응답을 기대하고 있었을까? 분명히 그렇다고 장담할 수 있다. 엘리야는 가뭄을 예언하시고 또 시행하신 하나님을 이미 보았고 살아 계신 하나님을 체험했으며 사르밧 과부의 아들을 다시 살리시고 기름병과 가루 한 통을 끊임없이 채워 주시는 하나님의 기적의 역사를 경험한 사람이다. 과거에 참으로 신실하게 응답해 주셨던 하나님이었으므로 엘리야는 하나님의 응답을 믿고 기대했다. 이러한 엘리야의 하나님이 바로 오늘날 우리들의 하나님이시며, 하나님의 신실하심은 일점일획도 변함이 없다.

고요하게

시편 기자는 "너희는 가만히 있어 내가 하나님 됨을 알지어다"(시 46:10)라고 말하였다.

하나님의 말씀을 들으려고 할 때는 하나님께서 말씀하실 수 있도록 우리들이 잠잠해야 한다.

많은 사람이 마치 요구 사항 목록을 읽듯 자기가 원하는 것들만 죽 말하고는 기도를 끝내 버린다. 이것은 하나님의 음성을 듣는 것이 아니라 우리들의 요망 사항을 하나님께 보고하는 것에 지나지 않는다. 도대체 들을 틈이 없는 우리들에게 어떻게 하나님께서 말씀하실 수가 있겠는가? 침묵은 하나님의 말씀을 듣기 위한 필수 요소이다. 너무 분주한 경우에도 역시 하나님의 말씀을 들을 수 없다. 매일 밤 텔레비전만 열심히 보다가 하나님의 말씀을 들으려 한다면 마음속이 세상 생각으로 가득 차서 꽉 막혀 있음을 발견하게 될 것이다. 그러므로 하나님의 말씀을 듣기 위해서는 시간과 고요한 침묵이 필요하다.

> 나의 영혼아 잠잠히 하나님만 바라라 무릇 나의 소망이 그로부터 나오는도다(시 62:5).

몇 백 년 동안 수많은 사람이 사막이나 수녀원과 수도원을 찾아 자신을 세상과 격리시켰던 것은 바로 이러한 이유 때문이다. 문명의 잡음이 들리지 않고 하나님의 음성을 방해하는 것들이 많지 않은 곳이 필요했던 것이다. 그러나 이러한 고요함은 늦은 밤 거실의 소파에서

나 이른 아침 식탁에서도 찾아볼 수 있다. 장소가 중요한 것이 아니다. 하나님의 음성은 고요하고 적막하여서 눈사태처럼 밀려오는 소란스런 일들에 쉽사리 묻혀 버리게 됨을 기억하여야 할 것이다.

인내하며

하나님은 결코 우리에게 즉석에서 말씀을 들려주는 분이 아니시다. 어떤 특별한 계시를 받기 위해서는 한 차례의 기다림이 반드시 필요하다. 그 이유는 바로 우리가 준비되지 않았기 때문이다. 그렇기 때문에 하나님께서는 우리들이 그 말씀을 듣기에 합당한 자가 될 때까지 응답을 보류하시면서 기다리신다.

   우리들은 기꺼이 인내하며 하나님의 말씀을 듣는 자가 되어야 한다. 바로 이러한 시간을 통하여 믿음이 성장하기 때문이다. 하나님께서 우리 심령에 말씀하여 주리라 약속하셨으므로 우리들은 물론 그 말씀을 기대할 수 있다. 그러나 하나님께서 우리가 알고자 하는 것을 항상 우리들이 원하는 바로 그때에 말씀해 주시는 것은 아니다.

   사람들은 "주님, 오늘 제 주문 사항이 여기 있습니다. 제가 꿇었던 무릎을 펴기 전에 그 답을 주십시오"라고 기도하고 싶어 한다. 그러나 하나님께서는 이에 대해 아마 수주일 후에나 응답해 주실 것이다. 이것은 하나님께서 우리의 기도를 잊어버렸기 때문이 아니라 이렇게 기다리는 동안 우리를 변화시키고 준비시키심으로써 하나님의 메시지를 들을 준비를 시키시려는 것이다.

적극적으로

하나님의 말씀을 듣기 위해서는 적극적인 자세로 기다리면서 성경 말씀을 묵상하여야 한다. 골로새서 3장 16절은 다음과 같이 말하고 있다. "그리스도의 말씀이 너희 속에 풍성히 거하여 모든 지혜로 피차 가르치며 권면하고 시와 찬송과 신령한 노래를 부르며 감사하는 마음으로 하나님을 찬양하고."

> 말씀의 진리에 충만해지고 부유해지는 비결은 성경을 묵상하고 탐구하며 말씀을 소화하여 그것을 자신의 마음에 적용시키는 것이다.

성경을 부분적으로 이해하고 좋아하는 성경 구절에만 집착할 때에는 하나님의 온전한 충고를 놓치게 된다. 말씀의 진리에 충만해지고 부유해지는 비결은 성경을 묵상하고 탐구하며 말씀을 소화하여 그것을 자신의 마음에 적용시키는 것이다. 내 생애 가운데서 가장 힘든 결정을 내려야 했던 때에 나는 하나님께서 두려움과 의심으로 가득 찬 나의 심령에 말씀을 들려주시기를 간구했다. 그리고 이사야 41장을 읽었는데 9절 하반절을 읽을 때 마치 하나님께서 내게 다음과 같이 말씀하시는 것 같았다. "찰스야, 너는 나의 종이라 내가 너를 택하고 싫어하여 버리지 아니하였다 하였노라 두려워하지 말라 내가 너와 함께 함이라 놀라지 말라 나는 네 하나님이 됨이라 내가 너를 굳세게 하리라 참으로 너를 도와 주리라 참으로 나의 의로운 오른손으로 너를 붙들리라"(9-10절). 나는 이 말씀을 여러 주일 동안 밤낮으로 묵상하면서 두려워하지 말라고 하는 하나님 음성과 거룩한 도움에 대한 확신을 상기하였다. "이는 나 여호와 너의 하나님이 네 오른손을 붙들고 네게 이르기를 두려워하지 말라 내가 너를 도우리라 할 것임이니라"(13절).

마침내 결정적인 순간이 다가왔을 때 나는 하나님을 경외하는 마음으로 평화를 얻을 수 있었다. 이사야 41장의 말씀들이 내 존재 전체에 스며들었기 때문이었다. 덕분에 나는 하나님의 관점에서 내 상황을 볼 수 있었고 하나님의 약속에 의지할 수 있었으며 이 일을 해결해 주시는 능력을 믿게 되었다. 그리고 다시 한 번 바울이 말한 "모든 지각에 뛰어난 하나님의 평강"의 의미를 이해할 수 있었다.

한번은 하나님께서 여러 주일 동안 시편 81편 말씀을 묵상하게 하셨다. 그리고 6절 말씀이 내 마음을 사로잡았다. "이르시되 내가 그의 어깨에서 짐을 벗기고 그의 손에서 광주리를 놓게 하였도다." 하나님께서 이 말씀을 통하여 내게 말씀하시려 한다는 것을 느낄 수 있었지만 무엇을 말씀하시고자 하는지는 알 수가 없었다. 그러나 반복하여 읽고 묵상하는 가운데 하나님께서 나에게 일어날 어떤 변화에 대하여 나를 준비시키고 계심을 깨닫기 시작했다. 당시에 나는 대도시에 있는 규모가 큰 교회의 당회장 직을 맡고 있었다. 우리는 급성장하는 기독교 학교를 운영하고 있었는데, 이로 인한 여러 가지 책임 때문에 나는 사실 매우 큰 부담을 안고 있었다. 그 말씀이 안식을 허락하시는 약속임을 믿고 여러 주일 묵상하던 차에 마침내 하나님께서 나의 어깨에서 짐을 벗기고 내 손에서 광주리를 놓게 하여 줄 동역자를 보내 주셨다. 그녀가 학교에서 내가 맡고 있던 모든 일들을 전담해 주었기에 나는 자유롭게 교회 일에만 전념할 수 있게 되었다.

하나님께서 말씀을 통하여 우리에게 주신 약속이나 가르침은 정말 정확하다. 그러므로 성경 말씀을 묵상하는 것이야말로 하나님의 음성을 듣고 거룩한 인도를 받을 수 있는 가장 훌륭한 방법이다.

확신을 가지고

하나님으로부터 말씀을 듣고자 할 때에는 지금 자신이 들어야 하는 그 음성을 반드시 들을 것이라는 확신을 가져야만 한다. 물론 우리가 원하는 대로 항상 들을 수는 없지만 하나님께서는 우리들이 성령 안에 거하기 위하여 꼭 필요한 사항들을 말씀해 주실 것이다.

우리들이 자녀에게 심부름을 시킨다고 가정해 보자. "네게 시킬 일이 있다"고만 말하고 막상 그 일이 무엇인지 말해 주지 않는 부모는 없을 것이다. 하나님도 마찬가지이시다.

> 너희가 악한 자라도 좋은 것으로 자식에게 줄 줄 알거든 하물며 하늘에 계신 너희 아버지께서 구하는 자에게 좋은 것으로 주시지 않겠느냐(마 7:11).

의지하면서

하나님 앞에 나아올 때는 자신이 진리를 가르치는 성령님께 완전히 속한 자임을 인정해야 한다. 교만한 자세로 나갈 때는 성령께서 우리들을 가르치시기가 어렵기 때문이다. 바울은 고린도전서 2장에서 다음과 같이 기록하였다.

> 오직 은밀한 가운데 있는 하나님의 지혜를 말하는 것으로서 곧 감추어졌던 것인데 하나님이 우리의 영광을 위하여 만세 전에 미리 정하신 것이라 이 지혜는 이 세대의 통치자들이 한 사람도 알

지 못하였나니 만일 알았더라면 영광의 주를 십자가에 못 박지 아니하였으리라 기록된 바 하나님이 자기를 사랑하는 자들을 위하여 예비하신 모든 것은 눈으로 보지 못하고 귀로 듣지 못하고 사람의 마음으로 생각하지도 못하였다 함과 같으니라 오직 하나님이 성령으로 이것을 우리에게 보이셨으니 성령은 모든 것 곧 하나님의 깊은 것까지도 통달하시느니라 사람의 일을 사람의 속에 있는 영 외에 누가 알리요 이와 같이 하나님의 일도 하나님의 영 외에는 아무도 알지 못하느니라(고전 2:7-11).

성령의 가르침 없이는 결코 하나님의 음성을 깨달을 수 없다. 하나님께서 다른 사람이나 환경을 통해 말씀하실 때도 그것이 바로 성령의 역사임을 알아야 한다.

예수님께서는 요한복음 16장을 통하여 다음과 같이 말씀해 주셨다. "그러나 내가 너희에게 실상을 말하노니 내가 떠나가는 것이 너희에게 유익이라 내가 떠나가지 아니하면 보혜사가 너희에게로 오시지 아니할 것이요 가면 내가 그를 너희에게로 보내리니"(7절). "그러나 진리의 성령이 오시면 그가 너희를 모든 진리 가운데로 인도하시리니 그가 스스로 말하지 않고 오직 들은 것을 말하며 장래 일을 너희에게 알리시리라"(13절).

우리 안에는 살아 계신 거룩한 성령의 인격이 거하고 계신다. 그래서 바울은 고린도전서 2장 12절에서 다음과 같이 말하였다. "우리가 세상의 영을 받지 아니하고 오직 하나님으로부터 온 영을 받았으니 이는 우리로 하여금 하나님께서 우리에게 은혜로 주신 것들을 알게 하려 하심이라." 우리 안에 거하시는 성령은 우리들의 간구에 응답하시고 우리들의 심령에 말씀을 들려주시며 갈 길을 인도해 주신다.

하나님의 인도를 받기 위해서는 먼저 하나님과 바른 관계를 가지고 있어야 한다. 여기에서 말하는 바른 관계란 성령 충만하고 성령 안에 거하며 성령을 근심하지 않게 하는 생활을 의미한다(엡 4:30). 그런데 만약 우리들이 죄를 범함으로써 하나님을 근심시키고 하나님을 부인하여 성령의 역사를 억누른다면, 우리 영혼의 간구를 받으시고 하나님의 말씀을 전해 주시는 성령께서 어떻게 하나님의 계시를 우리들에게 선포하실 수 있겠는가? 사람들이 기도하여도 하나님의 음성을 듣지 못하는 것은 그들이 성령 안에 거하지 않기 때문이다. 사실 이러한 삶은 조용하고 은밀하게 하나님께 반항하는 것이다.

하나님께서 우리들에게 성령 충만할 것을 명하시는 이유는 성령께서 우리들에게 섬길 수 있는 힘을 주실 뿐 아니라 우리들이 하나님의 말씀을 듣기 위해 반드시 필요한 도움을 주시기 때문이다. 따라서 성령께서 근심하고 억압당하면 우리들은 하나님의 메시지를 받지 못하게 된다. 그리고 성령께서 말씀하시는 것을 듣지 않으려 할 때 기도는 쓸모없는 잡담에 지나지 않게 되며 하나님께서는 그러한 기도를 듣지 않으신다. 다른 사람이 보기에는 정상적인 그리스도인의 삶을 살고 있는 것처럼 보이는데도 잘못을 저지르게 되는 것은 성령께서 말씀하시는 것을 듣지 않기 때문이다. 아무리 많은 교육을 받고 경험을 쌓는다 해도 결코 성령에 의존하지 않고서는 살아갈 수 없다. 성령께서 예수 그리스도의 마음을 주시지 않는다면 우리들 스스로는 결코 그 마음을 가질 수 없기 때문이다. 성령께서 이루시는 참된 역사가 없다면 우리들은 하나님께로부터 아무것도 받을 수 없음을 인정한 후에야 성령께서는 우리를 향해 말씀하시기 시작할 것이다.

열린 마음으로

하나님 앞에 나아갈 때는 열린 마음을 가져야 한다.

디모데후서 3장 16절에서 바울은 다음과 같이 기록하고 있다. "모든 성경은 하나님의 감동으로 된 것으로 교훈과 책망과 바르게 함과 의로 교육하기에 유익하니."

열린 마음으로 듣는다는 것은 하나님께서 우리를 위로하실 뿐 아니라 바로잡아 주시며, 확신을 주실 뿐 아니라 책망도 해 주시기를 바라는 마음으로 듣는 것을 의미한다. 하나님으로부터 책망을 들어야 할 때임에도 불구하고 위로의 말만을 찾는 사람들이 있는데 이것은 잘못된 태도이다. 만약 위로와 축복만을 바라고 듣기 좋은 말만을 들으려 한다면, 우리는 항상 하나님의 말씀을 듣는 자가 될 수 없다.

자신의 잘못된 점을 바로잡아 주고자 하시는 하나님의 말씀을 꺼리는 사람은 얼마 가지 않아 결점과 잘못이 엄청나게 불어나게 될 것이다. 그러나 하나님의 말씀을 들을 때에 겸손하게 성령께 의지한다면 우리들이 고침 받아야 할 부분들을 깨닫게 하여 주실 것이다. 그러므로 긍정적인 것과 부정적인 것을 모두 받아들여야만 한다.

사실 책망하는 부정적인 말씀 속에서도 하나님은 우리들이 돌이킬 수 없는 큰 실수를 범하는 것을 막고 우리 삶을 멸망으로부터 구하여 내시려는 긍정적인 선한 목적을 가지고 계신다. 하나님 앞에 나아갈 때에 체를 준비해 가지고 가서 자기가 좋아하는 말씀만을 골라서 취하한다면 결코 정확한 말씀을 들을 수 없게 된다.

주의 깊게

하나님의 말씀을 듣기 위해서는 모든 주의력을 집중해야 하므로 하루하루의 삶을 살아갈 때에 늘 깨어 있어야 한다.

　누군가가 우리들에게 무심코 던지는 말을 통해서 하나님께서 경고나 훈계를 주실 수도 있다. 하나님께서는 그런 말들을 통해 하나님의 말씀을 우리들의 심령에 떨어뜨려 주시고 진리를 공급해 주시며 그 진리에 생명을 주셔서 꽃을 피우고 열매 맺게 되기를 원하신다.

　그러나 사실 이러한 영적인 열매를 맺기 위해서는 매우 주의 깊은 생활이 요구된다. 매일의 생활이나 환경을 통하여 들려오는 하나님의 음성을 분별하기 위해서는 영적인 안테나를 최대한 길게 뽑아 놓고 정신을 바짝 차려야 할 것이다. 그리고 "무슨 일일까? 바로 이 상황이 무엇을 의미하는 것일까?"라는 의문을 항싱 가져야 한다. 그리스도인으로서의 우리들의 삶이 세속적인 것과 영적인 것으로 구획을 지어 나뉘는 것은 결코 아니다. 사실 우리의 삶 전체가 영적인 행진이다. 왜냐하면 예수 그리스도가 생명이시기 때문이다. 물론 우리가 행하고 생각하며 말하는 것이 다 영적인 것은 아니지만 우리들은 모두 그리스도 예수 안에서 새로운 피조물이므로 영적인 삶을 살아야 하는 것이다. 그러므로 우리들은 하나님께서 생활 가운데 허락하신 모든 것을 통하여 하나님의 손길을 찾아야 하며 모든 소리 가운데서 하나님의 음성을 발견해 내고 귀 기울여야 한다.

조심스럽게

히브리서 4장 12절은 말씀의 능력에 관해서 다음과 같이 말하고 있다. "하나님의 말씀은 살아 있고 활력이 있어 좌우에 날선 어떤 검보다도 예리하여 혼과 영과 및 관절과 골수를 찔러 쪼개기까지 하며 또 마음의 생각과 뜻을 판단하나니."

이 말씀에 의하면 우리들이 들은 모든 것은 성경이라는 체를 통하여 걸러져야 한다. 어떤 것을 자신의 삶 속에 받아들이기 전에 먼저 성경을 통해서 걸러 냄으로써 성경 말씀에 모순이 되는 것은 하나님의 말씀을 거스르는 것이므로 모두 제거하여야 한다. 이렇게 하나님의 말씀을 조심스럽게 들어야 하는 이유는 그 말씀 속에 깊은 의미와 동기가 포함되어 있기 때문이다.

하나님께서는 말씀을 통하여 우리들의 베일을 벗겨 버림으로써 우리 각자가 자신의 실상을 볼 수 있게 해 주시며 그 말씀의 빛을 통하여 거짓들로부터 진실을 구별해 낼 수 있는 능력을 주신다. 그러므로 우리들은 무엇을 듣게 되든지 하나님의 진리에 대한 절대적인 기준인 성경에 비추어 철저히 검토해 보아야 한다.

순종하는 마음으로

하나님의 말씀을 들을 때 그 말씀이 자기 마음에 좋지 않은 경우도 있으므로 먼저 순종하는 마음으로 하나님 앞에 나가야 한다.

하나님께서 자신이 원하지 않는 것을 말씀하실 때 사람들은 전적으로 순종하려 들지 않는다. 그러나 하나님께서는 결코 우리들의 이런 반항적인 영혼에 대해 적대감을 품지 않으신다. 왜냐하면 우리들의 반응이 어떠할는지를 이미 정확히 알고 계시기 때문이다. 물론 우리들의 부정적인 반응에 대하여 근심하실 것이다. 그러나 그렇다고 해서 우리들을 파멸시키려고 성난 천사 대대를 내려 보내실 하나님은 아니시다.

> 우리들은 하나님께서 생활 가운데 허락하신 모든 것을 통하여 하나님의 손길을 찾아야 하며 모든 소리 가운데서 하나님의 음성을 발견해 내고 귀 기울여야 한다.

겟세마네 동산을 찾으셨을 때 이미 예수님께서는 하나님의 뜻에 자신을 맡기신 상태였다. 그럼에도 불구하고 예수님도 하나님의 뜻을 이룰 수 있는 다른 방법이 정녕 없는 것인지 하나님의 뜻대로 결정해 달라고 애원하셨다. 하나님의 뜻에 자신을 맡겼으면서도 동시에 하나님을 피하려고 하셨던 것이다. 우리들 역시 하나님 앞에 와서 그분 말씀을 듣고서도 자신이 들은 말씀과 싸워 이기려 할 때가 있다. 항상 하나님께 불순종하는 것은 아니지만 가끔, 왜 하나님께서 그러한 일을 이루려 하시는지 이해하지 못할 때가 있다. 또 어떻든 간에 자신이 인식하는 한은 하나님께 순종하였음에도 불구하고 바로 그 순간에 하나님의 말씀과 씨름하고 있는 경우도 있다. 하나님의 말씀을 온전히 듣기 위해서는 반드시 순종하는 마음을 가져야 한다.

제2차 세계 대전이 끝나고 막 공군에서 제대했던 한 남자의 이야기를 소개할까 한다. 그 사람은 비행 기술이 매우 뛰어났기 때문에 큰 항공 회사에 취직하여 파일럿으로서 남은 생애를 보내려 했다. 항공기 기장은 보수가 매우 좋은 직업인데다가 항공사에서 그리스도의 증인으로서 생활할 수 있다고 생각했기 때문이었다.

그러나 하나님께서는 다른 생각을 가지고 계셨다. 여러 곳에서 그를 모셔 가려고 경쟁이 치열한 가운데 죽마고우 한 사람이 복음 전도 사역에 동참할 것을 청해 왔다. 그는 그러고 싶지 않다고 하나님께 기도드렸다. 그러나 항공사의 제안을 수락해야 할 시점이 되자 그의 마음은 차츰 기울어 마침내 목회 활동에 전념하기로 결정했다. 그 후 30년 동안 전도 사역에 정말 헌신적인 노력을 기울이며 살았다.

그는 창공을 가르며 머리 위로 날아가는 비행기를 보며 조종사에 대한 미련이 되살아난 적도 많았다고 했다. 또한 항공사에 들어오면 많은 혜택을 주겠다는 제안을 끊임없이 받았다. 하지만 그는 오직 하나님께 순종하기를 원했기 때문에 그런 제안을 모두 거절하였다. 이러한 순종으로 인해 그는 자신이 손수 짠 계획이 아닌 하나님께서 의도하신 대로 자신의 삶을 살 수 있었다.

감사하면서

하나님 아버지 앞에 나아올 때 우리들은 감사하는 태도를 가져야 한다.

우리는 독생자를 보내기까지 사랑하신 그 사랑과 십자가의 은혜와 구원에 대하여 감사드리고 어둠의 왕국으로부터 우리를 택하여 빛의 왕국으로 옮겨 주심을 감사해야 한다. 바울은 빌립보서 4장 6-7절에서 다음과 같이 이야기했다. "아무것도 염려하지 말고 다만 모든 일에 기도와 간구로, 너희 구할 것을 감사함으로 하나님께 아뢰라 그리하면 모든 지각에 뛰어난 하나님의 평강이 그리스도 예수 안에서 너희 마음과 생각을 지키시리라."

이 지구 위에 살고 있는 수억의 사람 가운데 바로 당신에게 하나님께서 관심을 갖고 계심을 생각해 보라. 또 무엇에 비길 수도 없고 형언할 수도 없는 하나님의 생각이 바로 당신을 친밀하게 알고 계심을 생각해 보라. 그러므로 하나님 앞에 나아올 때는 끝없는 감사의 마음을 가져야 한다. 그분은 대중을 놓고 말씀하시는 것이 아니라 한 사람의 개인을 향하여 말씀하시며 만나주시는 분이기 때문이다.

경건한 마음으로

경건한 마음은 하나님의 말씀을 듣기 위한 기초가 된다.

태양도 세상도 모두 끌어 모아서 쓸모없는 것들로 만드실 수 있고 인생의 모든 미묘하고 세세한 일들도 주관하실 수 있는 하나님이시므로, 그 앞에 나아올 때는 경외하는 마음을 가져야 한다.

이렇게 전능하신 하나님께서 조용히 우리들의 이야기를 들어 주시며 광활한 우주에 관한 가르침을 주신다는 사실 앞에서 우리는 겸손해져야 한다. 또한 하나님의 전적인 관심이 우리들 한 사람 한 사람에게 완전히 집중되어 있음을 깨닫고 위대한 창조자이신 하나님을 인정하는 경건한 마음을 품으며 자신을 겸손히 낮추어야 할 것이다.

How To Listen To God

하나님 앞에 나와 앉으라

- 과거에 대한 검토
- 하나님을 깊이 생각함
- 하나님의 약속을 기억하라
- 필요한 것을 요청하라
- 묵상을 위하여 필요한 요소들
- 새로운 관점

How To Listen To GOD

하나님께서는 성경 말씀을 통하여 우리들에게 평안과 보호와 예비하심을 약속하여 주셨는데 이것은 하나님의 모든 자녀에게 해당하는 약속이다.
말씀을 통하여 하나님께서 주신 약속들을 기억하면서 하나님을 묵상할 때에 우리들의 믿음이 자라게 되고, 두려움이 녹아 없어지게 된다.

현대의 그리스도인들은 '묵상(명상)'이라는 말을 성경적인 어휘에서 제외하고 있는 듯하다. 묵상을 동양의 종교 의식에서나 찾아볼 수 있는 구시대적인 것 혹은 금지된 영역이라고 여기는 것이다. 그러나 이러한 태도는 바람직하지 않다. 왜냐하면 묵상과 이에 대한 성경적인 적용은 하나님의 말씀을 정확히 듣는 데에 엄청난 효과를 발휘하기 때문이다.

다윗 왕은 가장 경건하고 열정적으로 묵상을 했고 이를 통해 많은 열매를 맺었던 인물이다. 그가 지은 대부분의 시편은 고요하게 하나님을 기다리며 생각하는 가운데 쓴 것들이다. 하나님의 뜻을 따르는 자가 되기 위하여 다윗은 먼저 하나님의 마음과 생각을 알아야 했다. 다윗은 끊임없는 경건한 묵상을 통하여 하나님의 뜻을 찾았다. 사무엘하 7장에서 이에 대한 생생한 예를 찾아볼 수 있다. 다윗은 사방의 모든 적을 대파하고 태평성대가 찾아오자 하나님의 집을 짓는 일을 생각하기 시작한다. 이에 선지자 나단은 다윗에 대한 하나님의 신실하심을 전하는 메시지로 다윗을 격려하고 성전 건축에 대한 하나님의 계획을 전해 준다. 이에 대한 다윗의 대답이 사무엘하 7장 18절에 기록되어 있다. "다윗 왕이 여호와 앞에 들어가 앉아서 이르되 주 여호와여 나는 누구이오며 내 집은 무엇이기에 나를 여기까지 이르게 하셨나이까." "여호와 앞에 들어가 앉아서"란 구절을 주목하여 보라. 그는 평소에 하던 대로 의자에 앉지 않았다. 무릎을 꿇고 앉아 하나님의 말씀을 듣고 또 하나님께 이야기했다. 이것이 바로 다윗의 묵상이었다. 「하나님을 아는 지식(Knowing God)」(IVP 역간)이란 저서를 통해 제임스 패커(James I. Packer)는 묵상에 대한 정의를 다음과 같이 내렸다.

묵상이란 하나님의 일과 방법과 목적과 약속을 생각하고 되새겨 보며 적용시키는 것이다. 하나님께서 임재하셔서 지켜보고 계시는 가운데 하나님과 교통함으로써 도움을 받아 행하게 되는 거룩한 생각에 의한 행동이다. 그 목적은 하나님을 바라보는 정신적이고 영적인 눈을 깨끗하게 하여서 하나님의 진리를 우리들의 생각과 마음속에 올바르게 받아들이도록 하는 데 있다. 또 이것은 하나님과 자신에 관해서 스스로에게 말하는 행위이다. 즉 실제로 자신과의 싸움이 될 때가 많으며 의심과 불신앙을 하나님의 능력과 자비에 대한 선명한 이해로 바꾸어 준다. 하나님의 위대하심과 영광을 깊이 생각함으로써 자신의 보잘것없고 죄에 빠진 모습을 발견하게 해 주며 주 예수 그리스도께서 보여 주신 거룩한 자비와 아무것에도 비할 수 없는 부요함을 깨달음으로써 새로운 용기와 확신을 가지게 해 준다.

다윗에게 묵상이란 결코 어떤 새로운 행위가 아니었다. 시편을 보면 그가 얼마나 자주 들에 나가 하나님 아버지의 말씀을 듣고 또 자기의 이야기를 아버지 하나님께 아뢰었는지 알 수 있다. 심지어 사울로부터 도망 다니며 창을 피할 때에도 다윗은 하나님을 묵상하는 시간을 가졌다.

믿는 자에게 있어서 묵상은 매일의 생활 가운데서 1순위를 차지해야 한다. 그 가치와 결과를 생각해 볼 때 결코 두 번째가 될 수 없다. 많은 사람이 묵상이란 성직자나 영적인 지도자들에게만 해당되는 일이라고 생각하고 있는데, 이것은 그들이 투쟁과 경쟁으로 가득 찬 세상 속에서 묵상이 어떠한 역할을 하는지 이해하지 못했기 때문에 생긴 오해이다. 아침에 일어나 정신없이 7시 30분 전철에 맞추어 역으로 달려 나가고 인파에 밀려서 사무실에 도착하여 여러 가지 복잡한 업무들을 처리하고 다시 집으로 돌아오는, 마치 소용돌이와도 같은 삶을 살아가고 있는 믿는 자들에게 묵상의 고요한 효과는 너무나 절실한 것이다. 왜냐하면 묵상을 통하여 일상생활의 소요 가운데서 하나님의 음성을 들을 수 있기 때문이다. 하나님께서는 목사들뿐만 아니라 하나님을 믿는 모든 자녀들이 묵상을 통하여 하나님과 더욱 좋은 관계를 맺을 수 있게 되기를 원하신다. 묵상은 혼자서 조용히 하나님 앞에 나아오는 것에서부터 시작된다. 3분도 좋고 30분도 좋고 1시간도 좋다. 중요한 것은 주님 앞에 홀로 나와 자신의 삶을 향한 하나님의 계획과 목적을 발견하는 일이다.

묵상을 하게 되면 개개인이 크나큰 도움을 받을 수 있다. 그리고 시편 119편 97-100절에 의하면 이외에도 지혜, 분별력, 명철, 순종

등의 유익함을 얻게 된다.

여호수아 1장 8절은 묵상으로 얻는 놀라운 축복을 기록하고 있다. "이 율법책을 네 입에서 떠나지 말게 하며 주야로 그것을 묵상하여 그 안에 기록된 대로 다 지켜 행하라 그리하면 네 길이 평탄하게 될 것이며 네가 형통하리라." 묵상이야말로 하나님의 승리와 함께 정신적, 영적, 육체적인 행복을 우리 삶에 허락하는 하나님의 방법이며, 순종하는 삶을 살도록 도와주는 촉매이다.

> 묵상이야말로 하나님의 승리와 함께 정신적, 영적, 육체적인 행복을 우리 삶에 허락하는 하나님의 방법이며, 순종하는 삶을 살도록 도와주는 촉매이다.

이제 나는 여기에서 여러분이 묵상하는 데 도움이 되는 4가지 원칙을 나누어 보고자 한다. 이 원칙들은 여러분이 하나님의 말씀을 들을 때에 신선함과 새로운 힘을 얻게 하고 자유하게 하는 진리를 체험하도록 도와줄 것이다.

과거에 대한 검토

먼저 지나간 시간을 죽 돌이켜 보며 묵상을 시작하는 것이 좋다.

과거를 살핌으로써 하나님께서 우리들의 삶을 엮어 나가시는 모습을 볼 수 있기 때문이다. 사무엘하 7장 18절을 보면 다윗은 하나님께서 자신에게 내려 주셨던 축복을 회상하고 있다. "주 여호와여 나는 누구이오며 내 집은 무엇이기에 나를 여기까지 이르게 하셨나이까." 다윗은 아마 골리앗과의 싸움, 사울을 피해 도망하던 일, 전쟁에서 승리했던 일 등을 생각하였을 것이다. 그리고는 구원해 주시는 하나님의 놀라운 역사가 항상 자신에게 베풀어졌음을 깨닫고 큰 평안을 얻었을 것이다. 묵상할 때에는 먼저 하나님께서 과거에 우리들의 삶을 어떻게 운행해 주셨는가에 초점을 맞추어 보라. 그렇게 하는 가운데 우리들을 바로잡아 주시고 위로해 주시며 권고해 주시는 하나님의 손길을 발견하게 되고 현재의 삶 가운데 역사하시는 하나님의 움직임을 더 잘 분별할 수 있게 된다.

하나님을 깊이 생각함

지난 시간들을 돌이켜 본 다음에는 하나님에 관하여 깊이 생각해 보아야 한다.

다시 한 번 다윗의 기도를 살펴보자.

> 주 여호와여 주께서 이것을 오히려 적게 여기시고 또 종의 집에 있을 먼 장래의 일까지도 말씀하셨나이다 주 여호와여 이것이 사람의 법이니이다 주 여호와는 주의 종을 아시오니 다윗이 다시 주께 무슨 말씀을 하오리이까 주의 말씀으로 말미암아 주의 뜻대로 이 모든 큰 일을 행하사 주의 종에게 알게 하셨나이다(삼하 7:19-21).

하나님에 관해서는 다음 3가지 측면을 생각해 보아야 한다. 첫째가 하나님의 위대하심에 관한 것이고, 둘째는 하나님의 자비하심에 관한 것이며, 셋째는 하나님의 선하심에 관한 것이다. 하나님의 위대하심과 하나님의 이름, 즉 여호와, 야훼, 엘로힘, 영원한 하나님, 한없는 능력의 하나님, 절대적으로 신실하신 하나님을 생각할 때에 거대한 산처럼 보이는 고통스러운 문젯거리와 아픈 마음이 사라지게 될 것이다. 우리에게 임하신 위대한 하나님의 빛 가운데 거할 때 우리 삶에서 불가능이 없어지며 모든 짐들이 사라져 버리기 때문이다. 어려움만을 바라보면 문제는 더욱 깊어지고 확대된다. 그러나 우리들의 초점을 하나님께 모으면 옳은 관점에서 문제를 볼 수 있게 되고 더 이상 그 문제로 인해 당황하지 않게 된다.

예레미야 덴톤은 베트남 전쟁 중 전쟁 포로로 잡혀가 7년을 감옥에서 보냈다. 그는 미군 포로 중 가장 계급이 높았기 때문에 더욱 잔인한 고문을 받았고 감금되어 있는 동안 매우 고독하게 지낼 수밖에 없었다. 그런 메마르고 혹독한 상황 속에서 하나님을 바라보기란 정말 어려운 일이었을 것이다. 그러나 그는 살아남아서 미국으로 돌아갔고 앨라배마 주의 주지사로 선출되기까지 했다. 그가 어떻게 살아남을 수 있었을까? 그는 이 질문에 자신이 생존할 수 있었던 비결은 성경 구절을 암송하는 것이었다고 대답했다. 그에게 내면화되어 있던 성경 말씀이 적군의 가장 잔인한 무기로부터 그를 지키는 보이지 않는 검이 되어 준 것이다. 결국 지기시고 힘 주시는 하나님께 내적으로 초점을 맞춤으로써 외롭고 지루한 시간을 극복할 수 있었다.

하나님의 약속을 기억하라

다윗의 묵상은 다음과 같은 기도로 계속되고 있다.

주 여호와여 오직 주는 하나님이시며 주의 말씀들이 참되시니이다 주께서 이 좋은 것을 주의 종에게 말씀하셨사오니(삼하 7:28).

다윗은 하나님께서 자신의 이름과 가족을 영원한 기초 위에 세우겠다고 하신 약속을 다시 한 번 기억한다.

이처럼 하나님에 대하여 묵상하려고 그 앞에 무릎을 꿇고 앉았을 때에 하나님의 위대한 약속을 다시 한 번 생각해 보는 것이 좋다.

하나님께서는 성경 말씀을 통하여 우리들에게 평안과 보호와 예비하심을 약속하여 주셨는데 이것은 하나님의 모든 자녀에게 해당하는 약속이다. 말씀을 통하여 하나님께서 주신 약속들을 기억하면서 하나님을 묵상할 때에 우리들의 믿음이 자라게 되며, 두려움이 녹아 없어지게 된다. 다윗은 이것을 아는 사람이었기 때문에 사울을 피하여 여러 차례 동굴에 숨어 지낼 때에도 조용히 하나님을 바라보았다. 총총한 별 아래에서 혹은 어두운 동굴 속에서 지낼 때에 그는 항상 자신을 준비시켜 주셨고 골리앗에게 돌팔매질을 하라고 일러 주셨으며 민첩한 몸과 명철한 생각을 주신 하나님을 생각했다. 그리고 사울의 예리한 창끝으로부터 피하게 해 주신 하나님을 기억했다. 이렇게 그의 속사람이 하나님을 향했을 때 하나님께서 그와 함께 하심으로써 두려움과 혼란을 달랠 수 있었던 것이다.

필요한 것을 요청하라

묵상하며 하나님 앞에 앉았을 때 단지 듣기만 해야 하는 것은 아니다. 우리 자신이 무엇인가를 하나님께 요청하는 시간을 가질 수도 있다. 사무엘하 7장 29절 말씀을 통하여 다윗이 어떻게 요청하고 있는 가를 살펴보도록 하자. "이제 청하건대 종의 집에 복을 주사 주 앞에 영원히 있게 하옵소서 주 여호와께서 말씀하셨사오니 주의 종의 집이 영원히 복을 받게 하옵소서 하니라." 얼마나 엄청난 요구인가? 하나님께 자기 집안에 복을 주실 것을 구했을 뿐 아니라 영원한 은혜를 내려 달라고 담대히 요청하고 있다. 그런데 하나님께서는 그의 기도에 응답해 주셨다.

한번은 하나님의 말씀을 묵상하던 중 빌립보서 4장 19절을 보게 되었다. "나의 하나님이 그리스도 예수 안에서 영광 가운데 그 풍성한 대로 너희 모든 쓸 것을 채우시리라." 이 말씀을 깊이 묵상하던 나는 갑자기 하나님께 많은 액수의 돈을 달라고 기도드리기 시작했다. 사실 나는 그 돈이 왜 필요하고 어디에 쓰일지도 모르는 상태에서 기도한 것이었다. 단지 그렇게 간구하고 기다려야 함을 느꼈을 뿐이다. 며칠이 지나자 부담은 더욱 커졌고 왜 계속 이런 기도를 해야 하는지 영문을 알 수가 없었다. 그런데 놀랍게도 갑자기 큰돈이 필요한 일이 발생했다. 그리고 하나님께서는 몇 시간 내로 필요한 만큼의 돈을 준비해 주셨다. 하나님께서는 심지어 내가 미처 그 필요를 깨닫기도 전에 나로 하여금 필요한 것을 요청하게 하셨던 것이다.

묵상을 위하여 필요한 요소들

다급하게 한두 가지 기도 제목만을 놓고 짧게 기도하고는 식사를 하기 위해 바로 일어선다면 결코 효과적인 묵상이 될 수가 없다. 왜냐하면 이것은 하나님께서 원하시는 묵상이 아니기 때문이다.

묵상은 결코 내 멋대로 해도 되는 것이 아니다. 묵상을 함으로써 생기는 유익을 풍성히 얻기 위해서는 몇 가지 원칙을 지켜야 한다. 이 원칙들은 개인적으로 나 자신과 묵상에 많은 도움을 주었던 것들이다.

1. 일정한 시간

하나님에 관해서 묵상하려고 할 때에 시간의 길이는 목적에 따라 5분이 될 수도 있고 1시간이 될 수도 있겠지만 어쨌든 일정한 시간이 필요하다. 매우 깊고 심각한 문제라면 긴 시간이 필요할 것이고 단지 조용히 마음을 가라앉히기 위한 것이라면 몇 분으로 충분할 것이다. 시편 62편 5절은 우리들에게 다음과 같이 명하고 있다. "나의 영혼아 잠잠히 하나님만 바라라 무릇 나의 소망이 그로부터 나오는도다."

하나님에 관해서 생각할 시간이 없다고 하는 것은 생명과 기쁨과 평안과 인도와 행복을 위한 시간을 가질 수 없다고 말하는 것과 같다. 왜냐하면 하나님은 이 모든 것의 원천이시기 때문이다. 묵상의 본질은 주님을 깊이 생각하고 하나님의 말씀을 들으며 우리 영혼 속에 성령께서 충만하게 거하시도록 하는 시간이라고 할 수 있다. 이렇게 할 때에 우리 안에서는 각자 자신이 맡은 일을 수행할 수 있는 준비가 이루어지게 된다. 묵상의 시간을 통하여 하나님께서 우리 삶을 준비시켜 주시기 때문이다.

우리가 묵상의 참된 의미를 깨달을 때, 묵상하는 시간을 통하여 하나님께서는 어려움을 겪고 있는 심령을 놀랍게 치료하여 주신다. 우리들은 좀처럼 여유가 없는 분주하고 급격한 세상에 살고 있다. 그렇기 때문에 "하나님 제가 어떻게 하면 이 급류 가운데서 잠시 멈추어 설 수 있겠습니까?"라고 하나님께 기도하여 도움을 구해야 한다. 그러나 주님을 묵상하는 방법을 배운 사람이라면 발은 달리면서도 그 영혼은 걸어갈 수 있다고 나는 확신한다. 그 사람의 업무가 얼마나 바쁘게 돌아가고 있느냐가 문제가 아니라 그 사람의 영혼이 얼마나 다급한가가 문제이다. 우리의 영혼을 잠잠히 하기 위해서 말씀을 묵상하는 일정한 양의 시간이 필요한 것이다.

부모가 자녀에게 가르쳐야 할 가장 가치 있는 교훈은 기도와 묵상의 중요성이다. 그렇게 함으로써 자녀들에게 평생 동안 그들을 인도하여 줄 나침반을 물려줄 수 있기 때문이다. 일찍이 하나님의 말씀을 듣고 순종하는 것을 배우고 자신이 관심을 가지고 있는 것에 하나님 역시 관심을 가지고 계심을 알게 된 어린이들은 그 무엇도 가져다 줄 수 없는 든든함을 느끼게 된다. 왜냐하면 하나님께서는 어떤 상황에서라도 그들에게 도움을 주실 수 있기 때문이다. 비록 부모는 그들과 항상 함께 할 수 없겠지만 하나님께서는 항상 그들 곁에 계신다. 아내와 나는 우리 아이들이 태어나면서부터 그들 앞에서 다음과 같이 기도하여 왔다. "주님, 저희들이 이 자녀들에게 기도하는 법과 당신의 말씀을 듣는 법을 가르치게 하소서." 자녀들이 이 값진 교훈을 따라 행하고 있는 것을 보고 들을 때마다 내 마음은 더할 수 없이 흐뭇해진다. 자녀들에게 하나님과 함께하는 시간을 갖도록 가르치는 유일한 방법은 본을 보이는 것이다. 우리들이 하나님께 기도하며 하나님과 더불어 교제하는 것을 보고 들을 때 그들은 어머니 아버지의 기도를 들으시는 하나님께서 자신의 기도도 들어주시리라는 것을 곧 깨닫게 된다. 자녀들에게 '기도하는 부모'만큼 더 위대한 유업은 없을 것이다.

2. 고요함

시편 46편 10절에는 다음과 같이 기록되어 있다. "너희는 가만히 있어 내가 하나님 됨을 알지어다." 하나님을 잘 알기 위해서는 그 앞에 나아가 앉는 것도 중요하지만 하나님 앞에서 가만히 있는 법을 배우는 것이 더 중요한 핵심이다.

고요함은 우리들로 하여금 집중할 수 있게 해 준다. 급행열차를 타고 질주하거나 소란스러운 친구들에게 둘러싸여 있을 때는 우리들의 생각을 하나님께로 고정시키기가 어렵다. 우리들은 다른 일에 마음을 빼앗겨서 우리 삶 속에 임하는 하나님의 가장 아름다운 개입을 놓치게 되는 경우가 자주 있다. 이것은 하나님에 대하여 민감하지 못했고 그 존재하심 앞에서 가만히 있는 법을 배우지 못했기 때문이다.

하나님 앞에서 가만히 있다 보면 삶의 복잡한 요소들이 자신의 마음속에서 점차 사라지게 되고 하나님의 자비하심과 선하심과 위대하심과 인자하심만이 우리들의 생각을 채우게 되며 문제들이 사라지기 시작한다.

3. 독거

마가는 예수님에 관하여 다음과 같이 기록하고 있다.

> 새벽 아직도 밝기 전에 예수께서 일어나 나가 한적한 곳으로 가
> 사 거기서 기도하시더니(막 1:35).

하나님 아버지와 완벽한 관계를 맺고 있던 예수님조차도 가장 사랑했던 제자들과 떨어져 홀로 하나님 앞에 나가야 할 필요성을 느끼셨는데 하물며 우리들은 더욱 그렇게 해야 하지 않겠는가?

사람들은 누구나 혼자 있는 시간이 필요하다. 남편과 아내가 서로 사랑하며 함께 있기를 원하는 것은 정말 좋은 일이다. 그러나 그들에게도 서로 떨어져 있는 시간이 필요하다. 부부가 떨어져서 각각 하나님 앞에 나아가 묵상을 한다면 그들 사이에는 더욱 큰 친밀감이 싹트게 될 것이다.

하나님께서는 우리들의 절대적이고도 온전한 집중을 원하시기 때문에 가끔 홀로 있을 것을 명하신다. 가령 남편이 하루 종일 대여섯 명의 사람들과 함께 지낸다고 생각해 보라. 분명히 아내는 이 문제로 인해 괴로워하게 될 것이다. 하나님의 마음이 바로 이와 같다. 하나님께서는 다른 사람의 방해를 받지 않는, 하나님과 우리만의 완진힌 개인적인 시간을 갖기 원하신다. 그리고 거룩한 사랑의 팔로 우리를 감싸 주고 싶어 하신다. 하나님께서는 동시에 두 사람을 안아 주시지 않는다. 한 번에 한 사람씩만을 안아 주시고 사랑해 주신다. 반면에 혼자서 하나님과 만나는 것을 꺼리는 사람은 그 마음이 여러 가지 생각으로 분산되어 집중하지 못하게 된다. 그러므로 우리들은 개인적인 묵상 시간을 가짐으로써 예수 그리스도 앞에 자신의 전 존재를 드리도록 해야 한다. 하나님의 개인적인 역사하심을 통해서 가장 값진

것을 얻는 경우가 허다하기 때문이다.

4. 침묵

하나님께서는 우리들에게 하나님 앞에 잠잠히 나아올 것을 명하실 때가 많다. 우리들이 모든 것을 다 말해 버리는 것을 원치 않으시기 때문이다.

> 잠잠하고 신뢰하여야 힘을 얻을 것이거늘(사 30:15).

어떤 사람은 자기 혼자 떠드는 것으로 묵상 시간을 채우는데, 이렇게 해서는 하나님과 진정한 관계를 가질 수 없다. 하나님과의 대화를 자기 독백으로 진행하여 하나님의 응답을 들어야 할 때에도 말을 멈출 줄 모르는 사람은, 하나님께서 심령에 말씀을 부어 주시는 장엄한 체험을 결코 누릴 수 없을 것이다. 하나님께서는 우리들이 잠잠할 때에 자신의 생각을 우리들의 사고 속에 넣어 주신다. 단 몇 분간 우리들이 잠잠할 때에 좋은 성경 구절을 떠올려 주시기도 하고, 우리를 사로잡을 수 있는 진리를 계시해 주시기도 하며, 우리들의 내적 존재에 평화를 가져다주시기도 하는 것이다. 그러므로 우리들은 하나님 앞에 잠잠히 앉아 있음으로써 하나님께서 우리들 속에 하나님 자신을 쏟아 부으실 수 있도록 해야 한다.

우리들이 다른 사람들을 잠시 떠나 홀로 하나님 앞에 나아가서 침묵을 지키며 잠잠히 기다릴 때 하나님께서는 선명하고 확실하게 그 음성을 들려주실 것이다. 귀로 들을 수 있도록 말씀하지 않으실지라

도 우리들이 하나님의 말씀을 들었음을 깨달을
수 있도록 영과 마음을 움직이고 감동시켜 주
실 것이다. 하나님께서는 영광을 받으시기 위
하여 우리를 구원하셨고, 우리들이 하나님을

> 하나님께서는 다른 사람의 방해를 받지 않는, 하나님과 우리만의 완전한 개인적인 시간을 갖기 원하신다.

사랑하며 과연 하나님이 어떠한 분이신가를 깨닫도록 하기 위하여 계속 우리들과의 관계를 발전시켜 나가신다.

5. 자기 절제

묵상을 할 때에 외형적인 것만을 판단하여 아무런 변화도 생기지 않았다고 생각하는 경우가 있다. 그러나 우리들이 하나님께서 역사하신 것을 명백하게 느끼지 못했다고 해서 하나님께서 아무런 일도 하지 않으신 것은 아니다. 바울이 자기 몸을 쳐서 복종시키는 법을 배웠던 것처럼 모든 믿는 자들은 자기 절제를 필수적인 원칙으로 생각해야 한다(고전 9:27).

묵상을 시작할 때에는 자신의 주의력을 하나님께로 집중시키기 위하여 어느 정도 정신적으로 노력하는 것이 필요하다. 이따금씩 그것이 어려울 때면 시편의 말씀을 읽고 다음과 같이 기도드려야 한다. "주님, 지금 제가 당한 문제에 대하여 저의 마음을 지키기가 힘이 듭니다. 시편 말씀 속에 제가 빠져들 수 있도록 도와주시고 저의 주의력을 당신께로 모을 수 있도록 인도하여 주십시오." 얼마 안 가서 말씀 읽는 것을 중단하고 하나님만을 생각할 수 있게 될 것이다. 위대한 하나님에 대한 생각에 빠지는 것보다 더 좋고 유익한 일은 없다.

잠언 8장 34절은 다음과 같이 주장하고 있다. "누구든지 내게 들으며 날마다 내 문 곁에서 기다리며 문설주 옆에서 기다리는 자는 복이 있나니." 여기서 '날마다'라는 말에 주목하여 보자. 이것은 믿는 자들이 자신의 마음과 몸과 삶을 항상 신중히 제어함으로써 하나님의 말씀을 듣고 하나님의 때를 기다리는 데 하루하루의 시간을 보내야 함을 뜻한다.

어떤 특수한 자세가 묵상에 도움을 준다고 말하는 이들도 있다. 위로부터 오는 선물을 받기 위해 손을 들고 조용히 앉아서 묵상하는 자세를 좋아하는 사람도 있고, 무릎을 꿇는 자세를 좋아하는 사람도 있고, 바닥에 엎드리는 자세를 좋아하는 사람도 있다. 어떤 자세라도 괜찮다. 사람마다 자기가 편한 자세를 취하면 된다. 하나님께서는 무엇보다도 우리들의 마음 자세에 관심을 두시기 때문이다.

6. 순종

주 앞에서 낮추라 그리하면 주께서 너희를 높이시리라(약 4:10).

반항하는 마음을 가지고 계속 자신의 고집만을 내세우면 묵상을 할 수가 없다. 하나님의 말씀을 바르게 듣기 위해서는 전폭적으로 하나님께 순종해야 하는데 반항이란 이러한 순종에 반대되는 개념이기 때문이다.

하나님의 뜻을 따르지 않았다고 해서 자녀 된 지위를 빼앗기는 것은 아니다. 그럴 때에도 물론 우리는 여전히 구원받은 자들이며 하나님과의 관계도 마찬가지이다. 그러나 하나님과 나누는 교제의 즐거움은 깨어지게 된다. 우리들이 혼자서 하나님 앞에 나가는 시간을 갖지 않는 이유가 하나님께서 우리들을 향해 계속해서 보내 주시는 어떤 노래를 듣고 싶지 않기 때문이란 것을 생각해 본 적이 있는가? 그 노랫말은 다음과 같은 것이다. "포기해라. 항복해라. 순종하여라. 너의 모든 잠재 능력을 다하여 이웃을 사랑함으로써 너희들의 잠재적인 가치가 최상에 이르게 하여라."

홀로 하나님을 만나 그분과 함께 시간을 보내고 그분을 생각하며 그분을 경배하고 그분을 찬양함으로써 얻게 되는 값진 상급을 발견하는 자들이 되어야 한다.

새로운 관점

하나님에 대하여 묵상하다 보면 이전과는 다른 각도에서 사물을 보게 된다. 다른 사람에 대한 생각, 자신이 맡은 일에 대한 생각, 문젯거리에 대한 생각, 심지어 원수에 대한 생각까지도 변화한다. 이 모든 것들을 하나님의 관점에서 보게 되기 때문이다. 예수 그리스도 안에 거함으로써 자신이 하늘에 속한 자임을 깨닫게 되기 때문에 어떤 상황이나 문제를 바라보는 내적인 시각이 하늘의 시각으로 바뀌게 되는 것이다. 이처럼 묵상은 우리들이 하나님의 진리의 빛을 통하여 사물을 볼 수 있도록 이끌어 준다.

다윗은 시편 36편 9절에서 "주의 빛 안에서 우리가 빛을 보리이다"라고 말했다. 하나님께서는 우리들이 하나님의 진리를 분명히 이해할 수 있도록 어떤 빛을 보내 주신다. 바울은 에베소에 있는 성도들을 위하여 다음과 같이 간구했다.

> 우리 주 예수 그리스도의 하나님, 영광의 아버지께서 지혜와 계시의 영을 너희에게 주사 하나님을 알게 하시고 너희 마음의 눈을 밝히사 그의 부르심의 소망이 무엇이며 성도 안에서 그 기업의 영광의 풍성함이 무엇이며(엡 1:17-18).

우리들은 하나님의 계시가 없이는 결코 자신과 하나님을 올바르게 볼 수 없는 자들이다.

고요한 가운데 홀로 하나님 앞에 나아가 잠잠히 하나님을 묵상할 때 삶의 모든 압박감이 풀리기 시작한다. 하나님께서 우리들 삶에 압박을 주고 있는 모든 것들이 가득 고여 있는 탱크의 마개를 뽑아 주실 때 마음의 고통이 흘러나가게 되기 때문이다. 묵상을 시작할 때는 완전히 좌절한 상태였다 할지라도 하나님께로 생각을 모으고 그 앞에서 오래 있으면 있을수록 쌓여 있던 긴장감이 풀리게 된다. 성경적인 묵상은 우리들의 영과 혼과 감정, 심지어는 육체에까지도 어떤 변화를 일으킨다. 예를 들어 육체적인 피곤함이 어느 정도 가실 수도 있다. 하나님께로 초점을 맞추다 보면 하루 동안 겪었던 모든 어려운 일들을 잊고 평화롭게 잠들 수 있을 것이다.

1. 평안

예수님께서는 "나의 평안을 너희에게 주노라"(요 14:27)고 말씀하셨다. 우리 안에 계신 예수님을 우리 삶의 선두에 세울 때 그분은 우리들의 모든 것이 되어 주실 것이다.

2\. 긍정적인 자세

하나님께서는 압박감을 평안으로 대치해 주셨듯이, 부정적인 자세를 긍정적인 자세로 바꾸어 주신다. 하나님과 함께하는 시간을 가지는 가운데 이기적인 자아를 버리게 되며 오직 우리 안에 계신 빛나는 그리스도만이 피어나고 자라게 될 것이다.

3\. 개인적인 친밀함

하나님 앞에 나아가 앉으면 마치 어떤 특별한 사람과 처음으로 만날 때와 같은 기분을 경험하게 된다. 어떤 사람과 서로 마음을 터놓고 기쁨과 상처를 나누게 되면 더욱 친밀해지고 시간이 지남에 따라 그 사람과 더불어 평생을 함께 살 수 있다고까지 느끼게 된다. 하나님도 마찬가지이다. 하나님께서는 우리들이 하나님에게 거리감이나 소원함을 느끼는 것을 결코 원치 않으신다. 그리고 성령을 통하여 각 사람과 친밀한 관계를 맺으시고 그들 삶의 깊은 핵심에까지 개입하기를 원하신다. 하나님께서는 이렇게 자신의 생명을 우리들에게 불어넣어 주시기 위하여 친밀한 교제를 갖기 원하시지만 우리들이 묵상의 시간을 갖지 않는다면 결코 그렇게 하실 수가 없다.

4\. 정화

하나님께서 우리들의 생활 가운데 특별히 나쁜 부분을 지적하고 손을 보아 주시는 것은 우리들에 대한 하나님의 사랑과 애착의 표현이다. 우리들을 사랑하시기 때문에 우리들을 깨끗하게 하여 하나님의 생명과 기쁨으로 채우고자 하시는 것이다.

하나님 앞에 나아가 자신의 마음을 내어놓고 또 현재 자신에게 일어난 일들을 털어놓으면 하나님께서는 삶 가운데서 깨끗지 못한 것들을 제거하여 주신다. 그러나 하나님께서 우리들의 삶에 관하여 지적하실 때 그 문제점들을 합리화시켜 버리려고 들면 묵상 시간이 점점 짧아져 갈 것이다. 자신의 삶 가운데서 그 부분은 하나님께 보이려 하지 않기 때문이다. 다시 말하면 하나님 앞에 홀로 나가려고 하지 않는 것은 자신의 삶 가운데서 하나님께 드러내지 않으려고 하는 특별한 부분이 있기 때문이라는 것이다. 그러나 이것은 우리를 향하신 하나님의 사랑을 막는 행위이다. 우리들은 하나님께 순종하지 않음으로써 자신의 성장을 스스로 방해하는 경우가 있다. 이것은 우리들을 위하여 일하시고 우리들을 격려하시며 일으켜 세우시는 우리들의 편인 하나님께 반항하는 행위이다. 그러므로 하나님께서 우리들의 마음속에 일깨워 주시는 것은 어떤 것이라도 받아들이는 것이 최선이다. 이것이 묵상을 하며 달콤한 교제를 누리는 유일한 비결이다.

다윗이 하나님의 마음에 드는 사람이 될 수 있었던 가장 주된 장점 가운데 하나는 그가 항상 자신을 정화하는 사람이었다는 점이다. 그는 결코 완전한 인간이 아니었다. 사실 그처럼 살인과 방탕한 일을 많이 저지른 사람이 있다면 미국의 어느 교단에서라도 쫓겨날 것이다. 그러나 예수께서는 자신이 '다윗의 자손'이라고까지 말씀해 주셨다(계 22:16). 다윗이 그처럼 불의한 일을 저질렀음에도 불구하고 그런 거룩한 확언을 받을 수 있었던 이유는 무엇이었을까? 그것은 다윗이 하나님께서 그의 죄를 지적하시고 그 죄를 대면시켜 주셨을 때 항상 열성적으로 죄를 고백하고 회개하였기 때문이라고 확신한다.

시편 51편은 의지적으로 혹은 잠시 눈이 멀어 하나님을 거스른 많은 믿는 자들에게 그들의 마음을 고백하는 기도가 되어 왔다. 다윗은 이스라엘의 인구 조사를 하고 나서 곧 자신의 잘못을 인정한다.

> 다윗이 백성을 조사한 후에 그의 마음에 자책하고 다윗이 여호와께 아뢰되 내가 이 일을 행함으로 큰 죄를 범하였나이다 여호와여 이제 간구하옵나니 종의 죄를 사하여 주옵소서 내가 심히 미련하게 행하였나이다 하니라(삼하 24:10).

다윗은 자신의 죄를 비추어 주는 하나님의 빛으로부터 도망가지 않고 하나님 앞에서 겸손히 자신을 낮추고 과오를 고백함으로써 하나님께서 자신을 깨끗하게 해 주시기를 구했던 것이다.

5. 순종하려는 열심

하나님께서 우리들에게 자신을 부어 주실 때에 우리도 우리 자신을 하나님께 드림으로써 이에 응답한다면 하나님께서는 우리 마음 가운데 순종하고자 하는 열심을 주신다. 이렇게 되면 하나님께 순종하기 위하여 반드시 설교를 들어야 할 필요가 없다. 누가 채근하지 않아도 하나님께 순종하기를 원하게 될 것이다. 순종이 우리들의 내적 존재의 일부가 되기 때문이다. 우리들은 때로 피곤하여 나약해지고 방황할 수도 있다. 그러나 홀로 하나님과 만나는 시간을 갖고 나면 곧 하나님께서 우리들의 몸속에 힘과 능력을 불어넣어 주심을 발견할 수 있을 것이다. 하나님의 영적인 활력이 우리들의 내적인 존재에 역사하기 시작하여 우리들의 마음과 영혼을 새롭게 하고 격려하여 주기 때문이다. 묵상은 우리 자신의 생활과 다른 사람들의 생활에 가장 큰 영향력을 발휘할 수 있는 방법이다.

학교 교육은 받지 못하였으나 주님에 대하여 묵상하는 방법을 아는 사람이 높은 수준의 교육은 받았으나 묵상하는 방법을 모르는 사람보다 훨씬 많은 것을 배우게 된다. 묵상이 따르지 않는 교육은 실패할 따름이다. 삶 가운데서 그리스도와 함께하는 묵상 시간에 우선순위를 둘 때 우리 삶의 모든 면 하나하나가 영향을 받게 될 것이다. 무엇보다도 우리들이 주님을 사랑하고 우리의 모든 관심과 초점을 주님께 맞추기를 원한다는 사실이 가장 중요하다. 이렇게 되면 주님을 따를 수 있게 되고 주님께서 우리를 위하여 예비하신 모든 것들을 받을 수 있다. 사도행전 4장을 읽을 때마다 나는 감동을 받는다. 먼저 그 상황을 살펴보면 다음과 같다. 베드로와 요한이 성령의 권능을 입어 매우 능력 있는 설교를 하자 매일 수천 명의 사람들이 구원을 받고 새로운 그리스도인 무리에 들게 된다.

그러나 베드로와 요한은 사두개인들에게 체포되어 대제사장 안나스와 가야바, 요한, 알렉산더 등 대제사장의 모든 문중이 다 참여한 곳에 끌려 나가게 된다. 그들은 베드로와 요한을 가운데 세워 두고 제자들이 도대체 무슨 권세와 누구의 이름으로 그와 같은 일들을 행하였는지를 묻는다.

잠시 그 광경을 상상해 보라. 높은 수준의 교육을 받았으며 큰 영향력을 가지고 있는 노련한 종교 지도자들로 가득 찬 방 한가운데에 히말라야 삼목처럼 크고 거친 베드로와 요한, 이 두 명의 어부가 서 있는 광경을 말이다. 이 대면의 결과는 경이로움 그 자체였다. 곧 베드로는 성령이 충만하여서 사두개인들을 향해 그들을 궁지로 몰아넣는 대답을 거침없이 하였다. 그의 설득력 있는 힘찬 대답을 들은 자들은 모두 놀라움을 금치 못한다. 이 경이로움에 대하여 사도행전 4장 13절은 다음과 같이 기록하고 있다. "그들이 베드로와 요한이 담대하게 말함을 보고 그들을 본래 학문 없는 범인으로 알았다가 이상히 여기며 또 전에 예수와 함께 있던 줄도 알고."

그 당시의 종교 지도자들이 베드로와 요한 이 두 사람이 예수님과 연합되었음을 알아차렸던 것처럼 오늘날의 우리들에게도 이 원칙은 적용된다. 얼마나 많은 시간을 예수님과 더불어 보냈느냐, 그의 말씀과 위대하심을 묵상하고 그의 얼굴을 찾았느냐 하는 것이 우리들의 열매를 결정해 줄 것이다. 묵상이란 바로 우리들의 개인적인 주님이시요 구세주이신 예수 그리스도와 더불어 친밀하고 풍성한 교제를 나누는 것을 말한다. 사람들이 우리들을 '예수와 함께 있던 자'로 인식할 수 있도록 해야 할 것이다.

How To Listen To GOD

당신의 영적인 마음가짐

- 닫힌 마음
- 혼탁한 마음
- 어수선한 마음
- 헌신된 마음

How To Listen To GOD

● 헌신된 마음이란 가르침을 잘 받아들이는 마음이라고 할 수 있다.
하나님께서는 가르침을 잘 받아들이는 사람들에게는 무엇이든지 가르쳐 주실 수 있다.
그러나 세상에서 가장 뛰어난 지성인이라 할지라도 그에게 가르침을 받아들이려는 마음이 없다면
하나님의 위대한 진리를 놓치고 말 것이다.

존과 제임스는 주일마다 한 교회에서 나란히 앉아 똑같은 설교를 듣는 사람들이다. 그런데 존은 차츰 믿음이 성숙해 가고 성령 안에 거하는 삶을 배우면서 풍요롭게 열매 맺는 생활을 하는 반면 제임스는 성장하지도 못하고 믿음을 나누지도 않으며 열매도 없는 삶을 산다.

한편 교회에서 같은 자리에 앉는 부부의 경우에도 한 사람은 믿음이 성장하는 데 반해서 다른 한 사람은 정체된 채로 있는 경우가 있다. 두 명의 대학생이 같은 설교와 같은 방송을 듣고 같은 책을 읽었음에도 불구하고 한 명은 감격하는 반면 나머지 한 명은 전혀 감동을 받지 못하는 수도 있다. 이런 역설적인 현상들을 어떻게 설명할 수 있을까?

만약 우리들이 하나님 앞에 나아갈 때 미리 자신의 마음을 결정하여 버린다면 정신적으로나 영적으로 자신이 듣기 원하는 것만을 선택하게 되고 진짜 자기에게 필요한 것은 무시해 버리게 될 것이다.

엘라 휠러 윌콕스(Ella Wheeler Wilcox)의 시 가운데 이 점을 비유해 주는 시구가 있다.

> 한 배는 동쪽으로 가고
> 다른 한 배는 서쪽으로 가네.
> 불어오는 똑같은 바람을 타고
> 그것은 올려진 돛대 때문도 아니요
> 갈 길을 말해 주는 강풍 때문도 아니라네.

성경의 진리를 깨달아 알고자 하는 우리들의 영적인 마음가짐이 어떠한가 하는 것은 하나님의 말씀을 듣는 데 굉장한 영향을 미친다. 예수님께서는 마태복음 13장에서 네 가지 서로 다른 마음 자세를 가진 사람들의 예화를 '씨 뿌리는 자의 비유'로 들려 주셨다.

> 그날 예수께서 집에서 나가사 바닷가에 앉으시매 큰 무리가 그에게로 모여 들거늘 예수께서 배에 올라가 앉으시고 온 무리는 해변에 서 있더니 예수께서 비유로 여러 가지를 그들에게 말씀하여 이르시되 씨를 뿌리는 자가 뿌리러 나가서 뿌릴새 더러는 길가에 떨어지매 새들이 와서 먹어버렸고 더러는 흙이 얕은 돌밭에 떨어지매 흙이 깊지 아니하므로 곧 싹이 나오나 해가 돋은 후에 타서 뿌리가 없으므로 말랐고 더러는 가시떨기 위에 떨어지매 가시가 자라서 기운을 막았고 더러는 좋은 땅에 떨어지매 어떤 것은 백 배, 어떤 것은 육십 배, 어떤 것은 삼십 배의 결실을 하였느

니라 귀 있는 자는 들으라 하시니라(마 13:1-9).

닫힌 마음

4절을 보면 예수님께서 다음과 같은 비유를 말씀해 주신다. "뿌릴새 더러는 길 가에 떨어지매 새들이 와서 먹어버렸고." 그리고 19절에서는 예수님께서 직접 이 비유를 풀어 다시 설명하여 주셨다. "아무나 천국 말씀을 듣고 깨닫지 못할 때는 악한 자가 와서 그 마음에 뿌려진 것을 빼앗나니 이는 곧 길 가에 뿌려진 자요."

이러한 첫 번째 유형의 사람은 닫힌 마음을 가진 자들이다. 믿지 않는 사람들뿐만 아니라 믿는 사람들 가운데에도 이 범주에 속하는 이들이 있다. 교회에 빠지지 않고 출석하고 텔레비전이나 라디오를 통해 다양한 기독교 프로그램을 자주 보고 듣는 사람들 가운데도 이러한 이들이 있다.

닫힌 마음을 가진 사람들은 자신이 듣고자 하는 것과 듣지 않을 것을 미리 결정하여 자신이 선택하지 않기로 마음먹은 것에 대해서는 모두 마음을 닫는다.

이러한 사람들은 가만히 앉아 소극적으로 듣는 데에서 그치고 만다. 설교를 수백 번 듣는다 할지라도 결코 그것을 실생활에 적용하거나 그 말씀에 따라 자신의 행위를 변화시키려고 하지 않는다. 소극적인 태도로 그저 듣기만 하고 들은 것에 대하여 반응하려는 의지를 가지지 않으면 점차 마음이 굳어지게 된다. 이것은 마치 너무 딱딱해서 전혀 싹을 틔울 수 없는 땅과 같아서 씨가 떨어졌을 때 동물들이 그것을 먹어 치우거나 사람들이 밟고 지나가거나 햇볕에 말라 버리게 된다.

소극적으로 듣는 사람들은 어느 정도까지는 듣지만 양다리를 걸치고서 발뺌할 여지를 만들어 둔다. 그래서 절대적인 순종을 요구하는 명령을 듣게 되면 바람에 문이 쾅 닫히는 것처럼 마음을 닫아 버린다. 사실 수많은 믿는 사람들이 이와 같이 완고한 영적인 마음자세를 가지고 교회에 나가고 있다. 교회에 도착하기도 전에 그들은 자신이 받아들일 수 있는 진리의 한계를 미리 결정해 버린다. 개인적인 순종에 대한 말씀이 아닐 때는 그들도 귀담아 듣는다. 그러나 그리스도의 통치권을 매우 강력하게 요구하는 말씀이 나오면 그들의 마음은 무감각해지기 시작한다. 순종하지 않은 채로 이미 너무 많이 듣던 진리이기 때문이다. 사탄이 따라와 진리를 도둑질하는 것이 바로 이때다. 자신이 들은 진리를 삶에 적용시키려는 마음을 가지지 않으면 사탄이 그들의 삶 가운데서 매번 그 진리를 도둑질해 가고 말 것이다.

그럼에도 불구하고 하나님께서는 진리를 듣고도 아무것도 행하려하지 않는 자들에게 계속 신의 말씀을 떨어뜨려 주셔야 하는가? 살아 계신 하나님의 영원한 말씀인 성경을 소극적으로 듣는 것은 하나님께 죄를 짓는 행위이며, 자신의 삶 가운데 하나님께서 들어오실 수 있는 영역을 임의로 정해 버리는 것은 하나님의 통치권을 부정하는 행위이다.

불행히도 그들은 이러한 자신들의 생활의 밑바닥이 떨어져 나가 버릴 때, 이제껏 수년 동안 듣기를 거절하여 온 하나님께 부르짖을 것이다. 그러나 이러한 사람들이 하나님을 붙잡으려 할 때는 많은 어려움을 겪게 된다. 이것은 지나간 수년 동안 하나님께서 그들에게 귀를 기울여 주시지 않았기 때문이 아니라 그들의 영혼이 굳어서 무감각해져 있기 때문이다.

닫힌 마음을 지니고 교회에 출석하여 수동적으로 말씀을 듣는 것보다 차라리 하나님의 말씀을 아예 듣지 않는 편이 낫다. 우리들이 좋아하건 싫어하건 하나님께서는 우리들의 삶의 구석구석에 모두 관여하기를 원하시며 매순간 우리들의 존재와 교제하기를 원하신다.

내가 목회하던 교회의 인근 대학에서 근무하던 교직원이 몇 달 동안 교회에 출석한 적이 있었다. 때때로 그는 주일날 아침 예배에 참석하곤 했지만 기적이나 초자연적인 것에 대해서는 늘 냉소적이었다. 마음이 닫혀 있었던 것이다. 그는 단지 아내를 즐겁게 해 주기 위해서 교회에 나왔다.

어느 일요일 오후, 그는 친구들을 초대해 자기 집 정원에서 파티를 열었다. 그런데 갑자기 소나기가 쏟아지는 바람에 정원에 있던 사람들이 모두 비를 피하려고 급히 집안으로 뛰어들었다. 양손에 물건을 가득 들고 몸은 다 젖은 채로 마지막으로 뛰어 들어오던 그는 앞에 들어간 사람이 유리 미닫이문을 닫아 버린 것을 미처 알지 못하고 그 유리문을 들이받고 말았다. 눈 깜짝할 사이에 그는 피투성이가 되어 쓰러졌다. 병원에 입원해 있는 그를 두 번째 방문했던 날 그는 나에게 다음과 같이 말했다. "목사님이 내게 이제까지 말하려고 했던 것에 관해 생각해 봤어요. 이제 그 말을 들을 마음의 준비가 된 것 같습니다." 그가 귀 기울이게 되기까지는 이처럼 끔찍한 일이 있어야 했지만 결국 그의 마음은 활짝 열렸다. 그는 구원을 받았고 이제는 주님을 담대히 증거하는 사람이 되었다.

  아직도 주일이면 교회에 앉아 설교를 듣고 성경 말씀을 읽지만 정작 자신이 들은 말씀에 관하여 전혀 생각해 보지 않는 사람들이 대다수이다. 그들은 자신의 삶 속에서 말씀을 면밀히 조사해 보려고도 하지 않고 결코 생활에 적용하려고 하지도 않는다. 그들의 마음이 굳게 닫혀 있기 때문이다.

혼탁한 마음

5-6절에서, 예수님께서는 두 번째 유형의 마음을 가진 사람을 비유해 주셨다. "더러는 흙이 얕은 돌밭에 떨어지매 흙이 깊지 아니하므로 곧 싹이 나오나 해가 돋은 후에 타서 뿌리가 없으므로 말랐고." 그리고 20-21절에서는 이 비유를 다음과 같이 해석해 주셨다. "돌밭에 뿌려졌다는 것은 말씀을 듣고 즉시 기쁨으로 받되 그 속에 뿌리가 없어 잠시 견디다가 말씀으로 말미암아 환난이나 박해가 일어날 때에는 곧 넘어지는 자요."

  팔레스타인 지역은 농사 짓기에 매우 척박한 환경이었다. 농부들이 농작물을 심기 위하여 토지를 잘 일군다 해도 바위가 많은 지대 위를 아주 얇은 흙이 덮고 있을 뿐이었으므로 씨앗이 뿌리를 내리기가 힘들었다. 그래서 농작물이 뜨거운 태양 볕 아래에서 싹이 트면 대부분 즉시 말라 죽어 버렸다. 이 비유에서 묘사하고 있는 마음은 혼탁한 마음이라고 할 수 있다. 혼탁한 마음을 가진 사람들도 하나님의 말씀을 들을 때는 주 예수 그리스도를 구세주로 믿고 감격한다. 그러나 문제는 그들이 구원받았을 때 단지 찬양을 하거나 짜릿한 기쁨을 누리고 싶어 할 뿐 성경 공부를 하고 하나님의 말씀에 뿌리를 내림으로써 확고한 기초를 다지려고 하지는 않는다는 것이다. 그들에게는 신앙에 대한 애착이나 교리적인 기초가 전혀 없다.

오랫동안 신앙생활을 했다고 자처하는 사람들이 위기가 닥칠 때 쓰러지는 이유가 바로 여기에 있다. 왜 그럴까? 그들의 마음이 혼란과 소요와 불신앙으로 가득 차 혼미해져 있기 때문이다. 그들은 고난이 닥치기 전까지는 "할렐루야"를 외친다. 그러나 영적인 훈련이 부족한 그들은 영과 마음이 약하기 때문에 급박한 문제가 생겼을 때 하나님의 방법대로 대처해 나가지 못한다.

영적인 경험을 쌓는 것이 한 가지 방법이긴 하지만 만일 우리들이 그 경험의 기초가 무엇인지를 모른다면 혼란에 빠지게 된다. 그러므로 우리들은 항상 자신의 마음을 새롭게 하고 하나님의 말씀에 근거를 두어야 한다. 또한 기꺼이 자신을 시험하여 봄으로써 왜 믿고 무엇을 믿는가를 정말 알고 있는지 점검해 보아야 한다. 그리고 다른 사람들에게 우리들이 죄사함 받았음을 믿고 죽음을 두려워하지 않는 이유를 설명해 줄 수 있어야 하고, 우리들의 육신이 어떻게 해서 부활할 수 있게 되는지를 말해 줄 수 있어야 하며, 의와 구속과 성결과 화해가 무엇을 의미하는지 가르쳐 줄 수 있어야 할 것이다. 뿌리를 내린다는 말은 말씀을 깊이 파고들어 진정 하나님의 말씀이 확고부동함을 발견하는 것이다.

구원을 받고 우리들의 이름이 어린 양의 생명책에 기록되었다고 해서 천국에 갈 때까지 모든 인생의 고난이 사라질 거라고 생각한다면 심각한 혼란에 빠지게 될 것이다. 믿는 자들은 시험을 받고 고통의 불길 속에서 연단을 받게 되기 때문이다.

> 뿌리를 내린다는 말은 말씀을 깊이 파고들어 진정 하나님의 말씀이 확고부동함을 발견하는 것이다.

진리의 말씀 안에 뿌리를 내리지 않으면 살면서 만나는 그 고통의 열기를 도저히 이겨 내지 못할 것이다. 내면의 동요나 환경 변화에 민감한 청년기는 혼탁한 마음의 좋은 본보기이다. 그들은 어떤 때 보면 마치 성숙한 어른처럼 행동하려고 애쓰지만 어떤 때는 다시금 십대 청소년 같은 행동을 한다. 그래서 그들은 마치 바람에 휘청 대는 나무처럼 이리저리 흔들린다.

젊은 청년들은 흔히 예배 의식에 쉽게 좌우되는데 이것은 그들이 하나님의 말씀을 아는 지식 안에 확고히 서 있지 못하기 때문이다. 그들은 항상 새로운 경험을 원하기 때문에 새로운 것을 가지고 나타나는 사람들에게 관심을 쏟는다. 그들은 예수님을 모르기 때문에 예수님만으로 만족하지 못하고 다른 대상을 찾는 것이다. 만일 그들이 하나님의 말씀 안에 더욱 깊이 들어가려고 애쓴다면 예수 그리스도가 얼마나 흥미진진한 분인지 알게 될 것이다. 예수 그리스도는 결코 일시적이거나 순간적인 기쁨이 아니다. 그분은 영원한 생명이시다. 구원은 받았으나 무엇을 믿는지 왜 믿는지 누구를 믿는 것인지 모르는 혼탁한 마음을 가지고 있다면 그것은 말씀을 바로 듣지 못했다는 증거다.

혼탁한 마음을 가지고 있는 사람에게는 말씀을 깊이 연구하거나 하나님 안에서 성숙하기를 갈망하는 진실된 의도가 전혀 없다. 이러한 사람들은 단지 지옥을 면하고 천국에 가게 되었다는 보증만을 좋아한다.

　우리들 자신을 살펴보자. 과연 지금까지 들어 온 수많은 설교 가운데 얼마만큼을 기억하고 있는가? 혼탁한 마음으로 들어 왔는가? 아니면 또 하나의 귀중한 진리를 우리들의 삶 속에 보태기 위하여 하나님께 귀를 기울이고 있었는가?

　혼탁한 마음을 가진 사람들은 비록 의도적이지 않다 할지라도 자녀들에게 건전하지 못한 믿음을 전달해 줄 위험이 있다. 하나님의 말씀에 굳게 서지 못한 부모의 불안정한 믿음이 본보기가 되어 감수성이 예민한 아이들에게 전달되기 때문이다. 이러한 아이들은 성경 말씀이나 믿음 위에 굳게 서는 법을 배우지 못한다. 결과적으로 아이들은, 그럴싸한 말로 그들의 약한 성경적 기초를 흔들어 버리는 거짓 교사들에게 속아 넘어가고 만다.

　한편 교회나 성경 공부 모임을 통하여 들은 말씀을 끊임없이 묵상하고 연구하는 아버지는 열심히 자신의 가족들에게 말씀에 깊이 뿌리 내릴 것을 권면할 것이다. 자녀들에게 하나님의 말씀을 적용시키는 방법을 꾸준히 가르침으로써 그들이 심한 의심의 폭풍과 회의주의를 만났을 때, 그것을 이겨 낼 수 있도록 지켜 주는 보존 체계를 물려줄 수 있다.

어수선한 마음

예수님께서 7절에서 세 번째 종류의 사람을 말씀해 주셨다. "더러는 가시떨기 위에 떨어지매 가시가 자라서 기운을 막았고." 이에 대하여

22절에서 다음과 같이 설명하고 있다. "가시떨기에 뿌려졌다는 것은 말씀을 들으나 세상의 염려와 재물의 유혹에 말씀이 막혀 결실하지 못하는 자요."

이러한 사람은 어수선한 마음을 가진 자이다. 이들은 교회나 성경공부 모임에 와서 말씀을 들을 때 그 마음이 온갖 의문과 염려로 요동을 친다. 난로를 끄고 나왔던가? 내일 할 일이 뭐였지? 이번 주에 그 많은 판매량을 달성하려면 어떻게 해야 할까? 이번 달에 봉급이 오를까?

어수선한 마음을 가진 사람들은 어제, 오늘, 내일 일들에 관한 염려와 사람, 돈, 사업, 학교와 관계된 잡다한 일들에 관한 생각으로 가득 차 있다. 그리고 이런 엄청난 가시덤불과 같은 세상 걱정이 하나님의 말씀을 질식시켜 버린다. 사탄이 그 많은 일들로 사람들의 마음을 복잡하게 함으로써 하나님의 말씀이 들어갈 자리를 없애 버리는 것이다. 그러므로 우리들의 마음이 너무 분주하고 어수선하면 하나님께서 우리들의 마음에 말씀하시기가 힘들어진다.

텔레비전이나 라디오를 들으면서 혹은 여름휴가를 상상하거나 사업, 집안일, 자녀 문제 등을 생각하면서 하나님의 말씀을 들을 수 있다고 생각하는가? 이런 것을 자연스럽고 정상적인 것이라 생각한다면, 사탄은 우리들에게 당면한 가장 중요한 과제인 하나님의 말씀을 듣는 일을 훼방하기 위해 온갖 수단을 다 쓸 것이다. 그렇기 때문에 하나님께서 우리와 함께 나누고자 하시는 소중한 진리의 말씀들을 놓치지 않기 위해서는 항상 마음을 준비하고 있는 것이 중요하다. 마음이 어수선한 경우에는 다시 하나님께로 주의를 집중하고 방향을 약간 바꾸어 보는 것이 좋다. 기도를 하고 있었다면 시편을 펴서 읽는 것이 좋고, 성경을 읽다가 눈과 마음이 무거워졌다면 성경을 잠시 덮고 하나님을 찬양하는 것이 좋을 것이다. 나의 경험에 의하면 하나님의 인격과 성품을 인정하고 감사드리면서 하나님을 찬양하는 것이 방황하는 마음을 안정시킬 수 있는 가장 좋은 방법이었다. 하나님은 그의 백성들이 찬양하는 곳에 계신다고 노래한 다윗의 고백처럼 우리들은 찬양을 함으로써 하나님을 마음속에 가까이 모실 수 있게 된다. 또한 힘찬 찬송은 우리들의 마음을 흐트러뜨리는 사탄을 물리칠 수 있는 좋은 무기이기도 하다. 두 장의 겉표지 사이에 비할 데 없이 가장 귀중한 교훈을 담고 있는 책이 바로 성경이다. 관심을 집중하지 않고 이렇게 위대한 진리를 들으려고 하는 생각은 무언가 잘못된 것이다.

헌신된 마음

예수님께서는 8절에서 네 번째 유형의 마음을 가진 자를 비유하여 주셨다. "더러는 좋은 땅에 떨어지매 어떤 것은 백 배, 어떤 것은 육십 배, 어떤 것은 삼십 배의 결실을 하였느니라." 이에 대한 설명이 23절에 나오고 있다. "좋은 땅에 뿌려졌다는 것은 말씀을 듣고 깨닫는 자니 결실하여 어떤 것은 백 배, 어떤 것은 육십 배, 어떤 것은 삼십 배가 되느니라 하시더라." 헌신된 마음은 마치 비옥한 땅과도 같다. 이런 마음에 씨앗을 뿌리면 그 씨앗은 튼튼한 싹을 틔우게 된다. 비옥한 땅은 씨앗을 둘러싸서 보호하고, 열매를 맺는 데 알맞은 온도와 습도를 제공하기 때문이다.

헌신된 마음이란 가르침을 잘 받아들이는 마음이라고 할 수 있다. 하나님께서는 가르침을 잘 받아들이는 사람들에게는 무엇이든지 가르쳐 주실 수 있다. 그러나 세상에서 가장 뛰어난 지성인이라 할지라도 그에게 가르침을 받아들이려는 마음이 없다면 하나님의 위대한 진리를 놓치고 말 것이다.

> 충실한 마음으로 하나님의 말씀에 귀를 기울인다면 풍성하게 열매 맺는 성숙한 하나님의 자녀들이 될 것이다.

어린아이들의 마음은 가르침을 잘 받아들이는 영의 훌륭한 예이다. 아이들은 마음의 문이 활짝 열려 있고 감수성이 예민하며 매우 민감하고 배우려는 열의를 가지고 있다.

비록 어른들의 마음이 온갖 회의와 의심과 세상 관심사에 빠져 있다 할지라도 이러한 마음을 예수님께서 묘사하신 비옥한 땅으로 경작하는 데 도움을 줄 수 있는 몇 가지 방법들이 있다.

첫째, 우리들은 목사나 친구, 책, 라디오 프로그램 또는 성경 공부 모임을 통하여 알게 되는 하나님의 말씀을 주의 깊게 듣고 그것에 전념하여야 한다.

둘째, 외부에서 오는 여러 가지 혼란들을 물리치기 위하여 믿음으로 확고히 서야 한다. 산만한 여러 가지 생각들이 마음을 어지럽힐 때는 단호하게 그것들을 물리치면서 오직 하나님의 말씀에 집중할 수 있도록 주께 도움을 청해야 한다. 이것은 주 예수 그리스도를 믿는 믿음이 있을 때에만 가능하다. 우리들이 말씀을 선명하게 받아들일 수 있도록 도울 수 있는 분은 예수님밖에 없기 때문이다.

셋째, 자신이 들은 말씀의 빛에 비추어 자신의 삶을 평가하려고 노력해야 한다. 또한 적극적으로 자신이 들은 말씀을 연구하려는 의욕을 가져야 한다.

넷째, 하나님께서 우리들의 심령에 감동으로 주시는 진리를 적용하기 위하여 노력해야 한다. 그렇지 않으면 사탄이 그 말씀을 재빨리 빼앗아 가 버리기 때문이다.

다섯째, 하나님께서 우리들의 생활을 통하여 감동으로 주시는 진리에 순종하여야 한다. 하나님께서 주시는 말씀에 순종할 때에 우리들은 풍요롭게 열매 맺는 신앙인으로 자라나게 된다.

그러나 그렇지 못할 때는 1년에 52번 있는 주일마다 빠지지 않고 꼬박꼬박 교회에 출석한다 할지라도 처음 시작할 때와 똑같은 영적인 유아 상태를 면치 못할 것이다. 설교와 말씀의 능력이 우리들의 삶 속에서 영향력을 발휘하지 못하는 것은 우리들이 순종하지 않기 때문이다.

주일마다 들은 말씀을 그대로 적용하는 삶을 사는데도 불구하고 여전히 영적으로 제자리에 머물러 있다는 것은 있을 수 없는 일이다. 충실한 마음으로 하나님의 말씀에 귀를 기울인다면 풍성하게 열매 맺는 성숙한 하나님의 자녀들이 될 것이다. 결실이 풍부한 마음가짐은 헌신된 마음에 뿌려진 씨앗에서 시작되어 제자로서의 삶을 풍성하게 꽃피우게 된다. 그리고 이러한 제자들은 능력을 가지고 명확하게 하나님의 말씀을 듣고 순종함으로써 하나님의 정원을 풍요롭게 할 것이다.

시편 기자는 시편 84편 5절에서 다음과 같이 노래하고 있다. "주께 힘을 얻고 그 마음에 시온의 대로가 있는 자는 복이 있나이다." 하나님께서는 닫힌 마음, 혼탁한 마음, 어수선한 마음이 아닌 '마음을 정한' 헌신된 마음을 원하시며 그런 마음을 가진 자를 도우신다(고전 7:37).

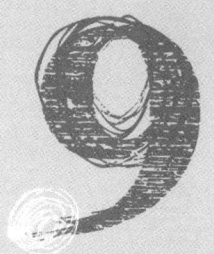

하나님의 음성을 듣는 데 방해가 되는 것들

- 하나님에 대한 무지
- 자기 자신에 대한 낮은 평가
- 잘못된 죄의식
- 일과 분주함
- 불신앙
- 하나님에 대한 분노
- 은밀한 죄
- 반항적인 영혼
- 하나님의 사자에 대한 거부
- 듣는 훈련의 부족

How To Listen To GOD

예수님께서는 상처받은 마음, 질그릇과 같은 마음을 선택하여 찾아오신다.
우리들은 불안해 할 필요가 전혀 없다.
단지 편안한 마음으로 하나님과의 사귐을 즐기면 된다.
이렇게 언제라도 기꺼이 귀를 기울이겠다고 말씀드릴 때 견디기 어려웠던 문제들이 해결되고
깊은 상처들이 부드럽게 치유되는 놀라운 역사를 체험하게 될 것이다.

여러 세기에 걸쳐서 많은 신실한 그리스도인이 하나님의 말씀을 듣고자 시도해 왔다. 그러나 보통 몇 차례 잠잠한 침묵의 시기를 겪고 나면 사람들은 하나님께서 그들에게 할 말씀이 없으시거나 그들 자신이 전혀 하나님의 말씀을 듣는 방법을 모른다고 주장하면서 그러한 노력을 포기한다.

우리들은 하나님 아버지께서 우리들과 교통하기를 간절히 원하시는 분이라는 것과 우리 자신도 분명히 하나님의 음성을 듣기 원한다는 것을 알고 있다. 그렇다면 무엇이 문제인가?

문제는 바로 우리 쪽에 있다고 생각한다. 우리들은 주님의 말씀을 분명하게 듣는 것을 방해하는 영적 장애물들을 부지불식간에 쌓아가고 있다.

하나님의 음성 듣는 것을 방해하는 요소에는 10가지가 있다. 이러한 요소들을 알아봄으로써 언제, 무엇 때문에 우리들이 하나님께서

말씀하시는 것을 깨닫기 위하여 정직하게 노력해야 하는지를 분별하는 데 도움을 받을 수 있다.

하나님에 대한 무지

제임스 패커는 자신의 저서인 「하나님을 아는 지식」에서 다음과 같이 말했다.

> 이 시점에서 우리들은 자기 자신을 솔직하게 직면하여 볼 필요가 있다. 우리들은 정통파 복음주의자들이라고 해도 과언이 아니다. 우리들은 복음을 분명하게 설명할 수 있고 정통에서 조금이라도 벗어난 부정확한 교리들을 가려낼 수 있다. 또 어떤 사람이 하나님을 아느냐고 묻는다면 우리들은 즉각 올바른 공식을 대 줄 수 있다. 예수 그리스도를 통해서만이 하나님을 알 수 있다고. 그러나 하나님을 영접하여 하나님을 알게 된 사람들의 표증이라 할 수 있는 즐거움이나 선의나 자유함이 우리 가운데는 매우 부족하다. 우리들과 비교하여 볼 때 복음적인 진리가 더 희미하고 불충분한 다른 기독교 단체들보다 오히려 부족할는지도 모른다. 여기서도 역시 나중 된 자가 먼저 되고 먼저 된 자가 나중 되는 진리가 입증되고 있는 것 같다. 하나님을 조금 아는 것이 하나님에 관하여 많은 지식을 갖는 것보다 훨씬 더 가치가 있다.

많은 믿는 자들이 그리스도가 구세주라는 것만을 알고 있을 뿐, 하나님의 방법과 성품을 알려고 애쓰지는 않는다. 그러나 이렇게 예수님이 구세주라는 사실만을 알 뿐 그 역사하시는 방법을 모른다면 하나님께서 말씀하시는 것을 들을 수가 없을 것이다. 하나님을 잘 이해할수록 하나님의 말씀을 더 많이 들을 수 있게 될 것이다. 하나님의 말씀을 매일 공부하는 것이 시급한 것은 바로 이러한 이유 때문이다. 우리들이 이렇게 할 때에 하나님께서 비옥한 땅을 주시고 역사하시며 우리들의 심령에 말씀을 들려주실 것이다. 어떤 그리스도인들은 하나님에 대하여 너무나 무지하기 때문에 하나님에 관하여 쓰라고 하면 16절지 종이 한 장도 채 메우지 못한다. 그것은 하나님에 관하여 많은 이야기를 듣고 책을 여러 권 읽었지만 개인적으로는 하나님을 모르기 때문이다.

자기 자신에 대한 낮은 평가

"무엇 때문에 하나님께서 나에게 말씀하시려고 하는 것일까? 난 전도사도 아니고 전적으로 교회 일을 맡고 있는 사람도 아닌데 말이야. 도대체 왜 그러실까?"라고 이야기하는 사람들이 매우 많다. 우리들이 구원을 받았고 성결하게 되었으며 거룩하게 되었고 살아 계신 하나님의 자녀가 되었다는 사실은 진실이다. 아버지가 자녀들에게 이야기하고 싶어 하며 아들딸들이 자신의 말에 귀 기울이기를 원하는 것은 매우 당연한 일이다. 그런데 불행하게도 우리들은 종종 자신의 존재를 무가치하고 보잘것없는 것으로 여기고, 왜 위대하고 놀라운 하나님께서 그러한 우리들에게 말씀을 하려고 하시는지에 대하여 의문을 가진다. 이러한 상황에서는 하나님께서 아무리 우리들을 향하여 외치신다 해도 전혀 들을 수가 없을 것이다. 우리들은 자신을 볼 때 하나님께서 우리들을 보시듯이 보아야 한다. 즉 하나님의 말씀을 듣고 매일매일 삶을 인도받아야 할 어린아이로 보아야 한다. 우리가 자기 자신을 아주 초라하고 볼품없는 거지와 같이 여기면서 하늘과 땅을 창조하신 하나님께서 무엇 때문에 우리들과 같이 무가치한 자들과 귀중한 대화를 하고자 하시는지에 대하여 의문을 품게 된다면, 하나님과의 대화에서 좋은 성과를 거둘 수 없다. 만약 지하철역의 노숙자가 대통령과 만나게 된다면 할 말이 별로 없겠지만, 대통령의 아들이 방문한다면 가족 간에 즐거운 대화의 장이 펼쳐지는 것과 같은 이치이다. 모든 상황이 관계 여하에 달려 있기 때문이다. 우리들은 자신이 하나님의 자녀 됨과 하나님 아버지께서 우리들을 향하여 끊임없이 말씀하고자 하심을 기억해야 한다.

시편 139편에는 우리들에 대한 하나님 아버지의 완전한 지식과 있는 모습 그대로 우리들을 사랑하시는 하나님 아버지의 풍성하신 사랑에 관한 놀라운 말씀이 기록되어 있다. 하나님은 우리의 체질과 연약함을 아신다. 우리들 마음속 가장 깊은 곳에 자리 잡은 상처, 두려움, 좌절 등을 모두 아시면서도 우리들과 친밀한 벗이 되기를 원하신다. 그렇기 때문에 예수님께서는 상처받은 마음, 질그릇과 같은 마음을 선택하여 찾아오신다. 그러므로 우리들은 불안해 할 필요가 전혀 없다. 단지 편안한 마음으로 하나님과의 사귐을 즐기면 된다. 그리고 우리들이 아직 절망적인 죄인이었을 때 예수님께서 우리들을 위하여 죽으셨다는 사실과 하나님께서 우리들을 하나님의 가족으로 받아 주셨고 우리들의 모든 허물을 용납하셨다는 사실을 깨달아야 한다. 우리들은 하나님의 것이다.

잘못된 죄의식

죄에는 두 가지 종류가 있는데 그 하나는 진정한 의미의 죄로서 하나님을 거역하는 것에서 비롯된다. 이러한 죄에 대해서는 우리들이 책임을 져야 하며 분명히 짚고 넘어가야 한다. 또 하나는 가장된 죄이다. 이것은 사탄이 가져다주는 죄의식으로서 우리들이 하나님의 표준에 미치지 못하는 삶을 살고 있다고 정죄하는 것이다. 많은 사람이 사탄이 주는 이러한 죄의식 속에서 기나긴 세월을 흘려보낸다. 그리고 자신이 하나님의 인정을 받거나 하나님의 기대 수준에 도달하는 것이 불가능하다고 생각하며 결코 하나님께서 원하시고 기뻐하시는 사람이 될 수 없다고 체념해 버린다. 이러한 사람들은 하나님의 말씀에 귀 기울이기가 매우 힘들다. 사탄이 "하나님이 네게 말씀하실 것 같으냐? 지난날의 네 행동들을 돌이켜 보아라. 하나님께서 그런 것을 그냥 보고 넘어가시지 않을 것이다"라고 사탄이 항상 정죄하기 때문이다. 따라서 이러한 사람들에게는 모든 말씀들이 죄의식의 사고 체계 속에서 받아들여지게 된다.

이것은 사탄의 속임수이다. 왜냐하면 하나님께서는 이미 우리들을 용서하셨고 우리들의 죄 문제를 해결해 주셨기 때문이다. 죄의식으로 고통받는 사람들의 기도는 주로 자기중심적인 내용으로 가득 차 있다. 자신이 잘못한 것이 무엇인지 혹은 어떻게 처신해야 할 것인지에 대한 생각으로 골몰해 있기 때문이다. 그러므로 하나님으로부터 자신이 정죄당하고 있다고 생각할 때는 더 이상 심판받는 것이 싫기 때문에 사람들은 하나님의 말씀 듣는 것을 두려워한다.

어느 주일날 저녁 예배를 마친 후에 한 노부인이 찾아와 내 손을 꼭 잡으며 자신의 지나온 영적 행로에 관하여 털어놓았다. 그녀는 기독교인으로서 살아온 지난 55년 동안 자신이 놓치고 있던 진리를 보여줘서 감사하다고 말했다. 그녀는 지금까지의 삶 속에서 모든 것이 무가치하게 느껴졌고 죄의식에 눌려 있었으며 하나님을 기쁘시게 해드릴 수 없다고 생각해 왔다고 말했다. 죄를 고백하고 회개하며 몇 번이고 자신의 삶을 주께 다시 드려 헌신하려고 했지만 여전히 똑같은 죄의식의 먹구름이 그녀를 떠나지 않고 괴롭혀 온 것이다. 그런데 어느 주일날 아침 〈인터치(In Touch)〉라는 TV 프로그램에서 "진리의 말씀이 어떻게 당신을 자유롭게 할 수 있는가"라는 내 설교 시리즈를 듣고 진정한 죄와 거짓된 죄의 차이점을 알게 되었다고 말했다. 그녀는 처음으로 하나님께서 자신을 위하여 십자가에서 행하신 모든 일을 이해하게 되었던 것이다. "그 주일 아침에 서는 55년간의 긴 세월 동안 짊어졌던 죄의 짐에서 자유하게 되었습니다. 그 짐은 결코 하나님께서 나에게 지우신 것이 아니었습니다. 이미 2천 년 전에 하나님께서 나를 위하여 십자가에서 그 모든 짐을 져 주셨던 것이었습니다"라고 고백하는 그 부인의 눈은 반짝였고 얼굴은 환하게 빛났다. 드디어 그녀는 자유를 얻은 것이다.

일과 분주함

현대 사회에서는 여유롭게 살아갈 수가 없다. 만나야 할 사람들, 풀어야 할 문제들, 계속적으로 관계를 유지해야 할 사람들이 너무나 많다. 내가 지금 일(또는 분주함)에 관해서 언급하려고 하는 것은 직장이나 가정에서 맡은 책임을 회피하라는 뜻이 결코 아니다.

우리들이 성령 안에서 생활할 때, 하늘에 계신 아버지와 가까이 교제하는 동시에 직장이나 가정에서 맡은 역할도 잘 수행해 나가는 방법을 배울 수 있다. 하나님은 우리의 삶 속에 거하시는 분이기 때문에 영적인 생활과 세상적인 생활은 결코 따로 분리될 수 없다. 하나님께서는 우리들이 행하고 말하는 가운데 임하신다. 그러나 사회의 여러 가지 아우성치는 소음 때문에 조용하고 고요한 하나님의 음성을 놓치기가 쉽다. 따라서 하나님의 존재에 민감해지기 위하여 주의를 기울여야 한다.

바쁘고 정신없는 하루라 할지라도 하나님과 동행한다면 하나님의 품 안에서 보호받으면서 일과를 마치고 온전한 안식 가운데서 편히 쉬게 된다. 그러나 하나님과 동떨어져 있는 것처럼 생각하며 생활한 날은 더 지치고 긴장하게 된다. 혼란스러운 가운데서도 하나님께 귀 기울일 줄 안다는 것은 놀라울 정도로 힘을 더해 주고 마음을 편하게 해 준다.

나는 예전에 의류 공장에서 일한 적이 있는데 그 옆에 굉장한 열기를 뿜어 대는 표백 공장이 있었다. 공장 온도가 보통 38도를 넘었기 때문에 20분만 지나면 온몸이 땀으로 젖었고, 주위는 온통 귀가 먹을 정도의 요란한 기계 소리로 가득해 정신을 차릴 수가 없었다. 그렇지만 일주일이 지나자 하나님의 음성 이외의 소리들을 다 떠내려 보내는 그 소음이 매우 달콤한 소리로 느껴졌다. 나는 그곳에서 하루에 8시간을 견딜 수 있게 되었고 하나님께 큰소리로 이야기할 수도 있었다.

> 혼란스러운 가운데서도 하나님께 귀 기울일 줄 안다는 것은 우리에게 놀라울 정도로 힘을 더해 주고 마음을 편하게 해 준다.

물론 그 요란한 소음을 핑계로 하나님을 완전히 침묵하시게 할 수도 있었지만 나는 그렇게 하지 않았다. 때로는 우리 자신이 해야 하는 어떤 일이 하나님께 귀를 기울이는 데 장애물이 되거나 핑계거리가 될 수도 있지만 하나님 안에 거하는 법을 터득할 때 결코 그 일이 변명 거리나 방해물이 될 수 없다.

불신앙

많은 사람이 하나님께서 오늘날에도 말씀하고 계신다는 사실을 완전히 믿지 않고 있다. 만약 우리들이 성경을 통해서만 가르침과 인도하심을 받을 수 있다고 생각한다면, 실제로 하나님께서 우리들과 나누고자 하시는 것들 가운데 많은 부분을 놓치게 된다. 왜냐하면 하나님께서는 성령이나 환경, 다른 사람들을 통해서도 자주 우리들에게 말씀하고 계시기 때문이다. 우리들은 하나님께서 우리들의 가족, 일, 재정, 상처, 두려움, 좌절 등 모든 문제에 관여하고 계시며 말씀하고 계신다는 사실을 완전히 이해하고 받아들여야 한다. 하나님께서 소수의 선택된 사람들에게만 말씀하시는 것이 결코 아니다. 하나님께서는 말씀하시고 우리들은 듣는다는 관점에서 볼 때 우리들은 모두 같은 범주에 속한 자들이다. 하나님은 모든 자녀들을 똑같이 대하시는 분이다.

하나님에 대한 분노

어떤 사람에 대하여 화가 나 있거나 원망스런 마음을 품고 있을 때 그 사람의 말에 귀를 기울일 수 있을까? 사실 이것은 매우 힘든 일이다. 지난 30년간 목회하면서 나는 하나님을 향해 분노를 품고 있는 사람들을 무척 많이 보아 왔다. 대개 사람들은 배우자가 죽거나 한창 때인 자녀를 잃거나 파산을 하면 하나님을 향해 분노를 터뜨린다. 왜 하나님께서 그 사건을 허락하셨는지를 이해하지 못하기 때문에 하나님에 대하여 화를 내는 것이다. 그들은 기도할 때마다 비참했던 순간들을 돌이켜 보고 분노를 폭발시키며 그들 자신의 문제에 대해서 하나님을 비난하려고 든다. 그리고 기도를 하다 보면 그들의 입에서는 하나님에 대한 적대 감정이 가득 찬 말들이 불쑥불쑥 튀어나온다. 그러나 이럴 때일수록 침착하고 말을 아껴야 한다. 하나님은 우리들의 분노를 이해하시지만 우리 자신은 이러한 분노로 영적인 귀가 막혀 버리게 된다는 사실을 인식해야 한다. 조절할 수 없는 격한 감정들로 인해서 주님으로부터 오는 어떠한 말씀도 받아들일 수 없게 되는 것이다. 이렇게 점점 격화되는 감정들이 불행을 당한 자들의 당연한 반응일 때도 많겠지만 이러한 감정은 곧 하나님과 다른 사람들을 향하여 걷잡을 수 없이 내리치는 적대감의 거대한 파도를 일으키게 된다.

나는 이러한 시기를 견뎌 내면서 분노가 가라앉을 때까지 그리스도를 참을성 있게 꼭 붙들고 있는 가족들을 많이 보아 왔다. 결국 그들이 하나님께 조용히 기도할 수 있게 되고 하나님의 자비로운 응답을 듣는 즐거움을 다시 맛볼 수 있게 되었을 때 그들의 가정에는 평강의 시간이 찾아왔다.

은밀한 죄

죄를 숨긴다는 것은 죄를 범하는 것과는 다르다. 죄를 숨긴다는 것은 자신에게 죄가 있다는 것을 알고 하나님께서 그 죄를 지적하고 계신다는 것을 알면서도 그 죄를 해결하지 않는 태도를 의미한다. 은밀한 죄는 마치 라디오의 잡음과 같아서 이러한 죄가 있을 때는 하나님의 음성을 희미하게 들을 수 있을 뿐 그 뜻을 확실히 이해할 수가 없다. 어떤 문제를 두고 끊임없이 기도하는데도 불구하고 하나님께서 침묵을 지키실 때는 자신에게 숨겨진 은밀한 죄가 있는지 살펴볼 필요가 있다. 자신이 그러한 죄를 숨기고 있다는 것조차도 깨닫지 못하는 수가 있기 때문에 주의 깊게 자신의 내면을 성찰해 보는 노력이 반드시 필요하다. 하나님께서 우리들에게 정확하게 어떤 죄를 지적하여 주셨음에도 불구하고 우리들이 그것을 부인한다면 하나님께서는 우리들이 하나님의 본래의 명령에 순종할 때까지는 다른 어떤 말씀도 하시지 않을 것이다. 우리들이 순종하려고 하지 않기 때문에 더 이상 다른 말씀을 하시지 않는 것이다. 숨겨진 은밀한 죄는 우리들의 비전을 가리고 마음을 분열시키며 귀를 막아 버린다.

한번은 꽤 많은 빚을 지는 바람에 비싼 이자를 물고 있는 교회의 목회를 맡은 적이 있었다. 우리들은 수주일 내로 그 빚을 청산할 계획을 세우고 이 문제를 해결하기 위하여 두 명의 교회 지도자를 선출했다. 이 일을 맡게 된 두 사람은 교회 개척 당시부터 도움을 주고 여러 가지 교회 사역에도 참여해 온 이들로서 서로 매우 친한 친구 사이였다.

그런데 어떤 사안에 대해 두 사람의 의견이 충돌하는 일이 발생했다. 교회가 한 사람의 편을 들자 다른 한 사람이 화를 내고 분개하여 적대 감정을 품게 되고 말았다. 그 사람은 교회에 등을 돌리고는 마침내 가족들을 데리고 다른 지역으로 떠나 버렸다. 한때는 가장 좋은 친구였던 사람을 향해 분노가 폭발한 것이다.

아무리 화해하자고 간청해도 그는 들으려고 하지 않았다. 그의 마음속에서 자라나고 있는 쓴뿌리의 가슴 아픈 결과들을 나는 지켜보았다. 1년도 채 안 되어 사업은 파산할 지경에 이르고 심장 마비를 일으키는가 하면 아들은 반항하고 아내조차 이혼을 요구하였다. 그는 완전히 외톨이가 되어 버렸다. 그러나 이런 모든 사건들이 그에겐 아무런 소용이 없었다. 그의 마음은 조금도 돌아서지 않았던 것이다. 몇 년 뒤, 그는 완전히 부서지고 패배자가 되어 쓸쓸히 죽어 갔다. 그는 결국 자신의 쓴뿌리, 즉 용서하지 못하는 마음을 버리지 못했던 것이다.

반항적인 영혼

반항적인 사람은 기도하고 싶어 할는지는 모르지만 하나님의 말씀을 들으려고 하지 않는다. 하나님께서 어떤 죄를 회개하라고 명하실 때 반항적인 심령이 회개를 거부하고 아무런 변화도 일으키지 않으면 하나님께서는 더 이상 다른 문제를 말씀하시지 않을 것이다. 따라서 반항은 하나님의 음성을 차단하여 버리게 된다.

반항은 주장하는 것과는 분명히 다르다. 하나님께서는 때때로 우리들이 주장하는 것에 관해서는 이해해 주신다. 하나님께서 모세를 부르셨을 때 모세가 주님께 사람을 잘못 택하셨다고 말씀드리며 몇 번씩이나 주저하였음을 우리들은 잘 알고 있다. 그러나 하나님께서는 40년 동안을 양이나 치면서 살아온 그를 바로에게 보내어 애굽에서 종살이하는 250만의 이스라엘 백성들을 이끌어 내기를 원하셨다. 우리도 모세처럼 주님의 명령을 받아들이기가 힘들다고 말씀드릴 수도 있다. 그러나 하나님의 말씀을 거역하는 반항은 이것과는 전혀 다른 문제이다.

몇 해 전 플로리다에서 목회하고 있던 나는 주님께서 나를 애틀랜타로 부르심을 느꼈다. 그런데 문제는 나에게 전혀 가고 싶은 마음이 생기지를 않는다는 것이었다. 나는 플로리다를 좋아했고 해변을 좋아했다. 그곳은 사람이나 차량의 통행이 거의 없는 한적한 곳이었고 집에서 한 구역만 나가면 낚시질을 할 수 있는 호수도 서너 군데나 있는 호젓한 지역이었다. 그래서 나는 주님께 "주님, 저는 지금 제가 있는 이곳에 그대로 머무르고 싶습니다"라고 말씀드렸다. (하나님께서는 이미 우리들의 생각과 느낌을 알고 계시기 때문에 숨기려고 해도 소용이 없다.) 처음 얼마간은 마음이 내키지 않는 상태에서 일을 했지만 곧 애틀랜타가 바로 내가 있고자 했던 그런 곳임을 알게 되었다. 물론 처음에는 비록 거리끼는 마음이 있었지만 그럼에도 불구하고 하나님을 거역하지는 않았다. 반항은 우리들을 향한 하나님의 뜻을 거부한다고 하나님께 알리는 것이다. 하나님께서는 우리가 주저하고 망설일지라도 우리들이 원하는 것을 변화시켜 주심으로써 일하신다.

하나님의 사자에 대한 거부

남편은 아내를 통하여 들려오는 하나님의 음성을 듣고 싶어 하지 않고 아내는 남편을 통하여 들려오는 하나님의 음성을 듣고 싶어 하지 않는 경우를 자주 본다. 그들은 단지 자기들끼리 서로를 멀리하고 있다고 생각하지만 실제로 하나님을 멀리하고 있는 것인지도 모른다. "엄마 아빠는 내가 엄마 아빠가 좋아하는 일을 했을 때만 날 사랑해"라고 투정하는 자녀들을 통해서 하나님께서는 그 부모들이 하나님께서 그들을 사랑해 주신 것만큼 자녀들을 조건 없이 사랑하고 있지 못함을 지적해 주시는 것일는지도 모른다.

하나님께서는 달갑지 않은 사람뿐 아니라 별로 유쾌할 수 없는 상황을 통해서도 말씀하신다. 하나님께서 다메섹 도상에서 사도 바울에게 말씀하시던 상황을 생각해 보자. 성령께서는 바울을 넘어뜨리고 눈을 멀게 하셨다. 결코 좋은 상황은 아니었다. 오늘날 우리들의 환경도 좋지 못한 것일 수 있다. 그러나 환경이 그렇다고 해서 하나님께서 말씀하지 않는 것은 결코 아니다. 때로는 우리들이 하나님을 거역하고 반항하기 때문에 그런 어려운 상황을 사용하시기도 한다. 하나님께서는 내가 하나님의 음성에 귀 기울이기를 원하실 때 가끔 나를 육체적으로 무력하게 만들기도 하셨다. 나는 하나님의 그러한 방법을 좋아하지는 않지만 그 결과들을 아주 좋아한다. 하나님은 잔인한 분이 아니시다. 그러나 우리들로 하여금 거룩한 인격을 이루어 나가도록 하기 위하여 꼭 해야 될 일은 반드시 행하신다. 비록 하나님께서 사용하시는 사람이나 상황이 달갑지 않더라도 하나님께 귀를 기울인다면 하나님의 일을 성취하게 되며, 사실 이것이 가장 중요한 일이다.

> 하나님의 뜻을 알고 싶어 하는 마음은 하나님의 음성을 듣는 데 있어서 필수적인 요소이다.

듣는 훈련의 부족

하나님께 귀를 기울이는 일은 배우지 않아도 저절로 알게 되는 그러한 성질의 일이 아니다. 즉 귀를 기울이기 위해서는 훈련이 필요하다. 때로는 우리들의 경험이 부족하여 하나님의 음성을 듣지 못하기도 하는데 사실 하나님께서는 우리들이 온전하게 하나님의 말씀을 듣고 순종할 수 있도록 하기 위하여 몇 가지 반드시 필요한 장비들을 이미 마련해 주셨다.

첫째, 우리는 질문을 해야 한다.

즉 무언가를 알고 싶어 하는 마음을 가져야 한다. "하나님, 제게 무슨 말씀을 들려주고자 하십니까?"와 같은 질문을 함으로써 하나님께 응답하실 기회를 드리게 되고 하나님께서 그 뜻을 계시하실 수 있도록 해드리기 때문이다. 응답할 것을 가지고 계신 분은 하나님이시지만 어떻게 올바른 질문을 하느냐 하는 것은 우리들에게 달려 있다. 하나님의 뜻을 알고 싶어 하는 마음은 하나님의 음성을 듣는 데 있어서 필수적인 요소이다.

둘째, 우리는 하나님의 말씀을 기대해야 한다.

하나님께서 우리들에게 말씀을 들려주시겠다고 성경을 통해 약속해 주셨기 때문이다.

예수 그리스도는 어제나 오늘이나 영원토록 동일하시니라(히 13:8).

이 말씀의 의미는 하나님께서 과거의 역사 속에서 말씀하셨다면 오늘날도 말씀하고 계시며 앞으로도 영원히 말씀하실 것이라는 뜻이다. 따라서 우리들은 기대하는 마음을 가지고 간절하게 하나님의 음성을 들으려고 해야 한다.

셋째, 우리는 자신이 들은 것에 대하여 응답을 해야 한다.

하나님께서 말씀하시는 것에 반응하지 않는다면 결코 하나님의 말씀을 듣는 방법을 배울 수 없기 때문이다. 자신이 정말 하나님의 말씀을 들었는지에 관한 확신이 서지 않는 경우에는 우선 하나님께서 말씀하셨다고 생각되는 방향으로 적극적으로 밀고 나가야 한다. 이렇게 믿음으로 한 걸음을 떼어 놓음으로써 하나님의 말씀을 듣는 법을 배울 수 있다. 하나님은 사랑의 아버지이시므로 만약 우리들이 잘못된 방향으로 나간다면 분명히 우리들을 바로잡아 주심으로써 진리의 길을 걸을 수 있도록 인도해 주실 것이다. 우리들이 항상 올바르게 듣지 못한다 할지라도 그것 역시 하나의 배우는 과정이다. 어린아이들이 걸음마하는 과정을 생각해 보자. 걷기를 배우기까지 얼마나 많이 넘어지는가? 처음 걸음마를 하는 아이가 단번에 방을 가로질러

걸어가기를 바라는 사람은 없을 것이다. 우리들 중 어떤 사람은 사무엘과 아주 흡사해서 하나님을 깨닫게 되기까지 하나님께서 여러 번 말씀하셔야만 하는 이들도 있을 것이다.

> 언제라도 기꺼이 귀를 기울이겠다고 말씀드릴 때 견디기 어려웠던 문제들이 해결되고 깊은 상처들이 부드럽게 치유되는 놀라운 역사를 체험하게 될 것이다.

넷째, 우리는 확신을 주는 사건들을 주의하여 살펴보아야 한다.

시간이 흐름에 따라 하나님께서는 메시지를 더욱 확신시켜 주시기 때문이다. 하나님께서 말씀하시고 우리들이 그 말씀에 순종하는 경우 일반적으로 확신이 따르게 된다.

다섯째, 우리는 하나님께 우리에게 말씀을 들려 달라고 간구해야 한다.

잠자리에 들기 전에 자신이 지금 하나님께 귀를 기울이고 있으며 밤중이라도 어느 때든지 하나님의 말씀을 들을 준비가 되어 있다고 주님께 말씀드리는 것이 좋다. 이렇게 언제라도 기꺼이 귀를 기울이겠다고 말씀드릴 때 견디기 어려웠던 문제들이 해결되고 깊은 상처들이 부드럽게 치유되는 놀라운 역사를 체험하게 될 것이다.

하나님께 질문을 던지고 하나님의 말씀을 기대하며 들은 것에 대하여 응답하고 하나님께서 주시는 확신에 대하여 민감하며 명확히 말씀해 주실 것을 간구할 때 우리가 알고 있는 것 중 가장 위대한 모험, 즉 전능하신 하나님으로부터 오는 메시지를 들을 수 있는 무대가 마련될 것이다. 이것은 가장 위대한 특권이요, 가장 큰 의무이다.

How To Listen To GOD

듣는 것과 순종하는 것

- 하나님의 음성이 아닌 다른 소리를 듣는다
- 쉽게 속아 넘어간다
- 교만하고 독단적이다
- 육체를 만족시키는 결정을 내린다
- 변명을 한다
- 결과로 인해 고난을 겪게 된다
- 주위 사람들이 상처를 입는다
- 하나님께서 준비하신 가장 좋은 것을 잃게 된다

How To Listen To GOD

**영적인 문제나 윤리적인 문제에 부딪히게 되었을 때
하나님을 의지하고 그 음성에 귀를 기울이는 사람들은
하나님의 말씀을 듣지 않는 사람들보다 영적으로 훨씬 예리하고 명민해져서
다른 사람들이 가지지 못한 지각과 의식과 주의력을 가질 뿐 아니라
집중할 수 있는 능력과 분별력을 소유하게 된다.**

내가 알고 있는 그 어느 누구보다도 목회에 관한 은사를 많이 받은 것 같은 한 젊은이가 나를 찾아왔던 적이 있다. 그는 어떤 일을 결정하는 데 나의 조언을 구하기 위하여 찾아온 것이었다. 그는 매우 잘 훈련받은 사람이었고 하나님의 일을 하기 위한 준비가 제법 갖추어져 있었다. 그런데 그와 대화를 나누는 중 신기한 일이 벌어졌다. 갑자기 성령께서 내 마음에 경계 신호를 보내고 빨간 불빛을 보여 주시는 게 아닌가. 그래서 나는 그에게 "하지 말게. 아직 준비가 부족한 것 같네"라고 충고하고는 이유를 설명해 주면서 내 말을 귀담아 들으라고 타일렀다. 그러나 그는 나의 이러한 충고에 아랑곳없이, 자신이 준비되었으며 시기도 적당하다고 혼자 결정을 지어 버렸다. 하나님께서 그에게 말씀하시고자 하는 것에 대하여 귀를 막아 버린 것이다. 2년 후 그는 자존심을 비롯해서 목사 직분, 결혼 생활, 그 밖의 모든 것들을 잃어버렸다.

그리고 몇 년 후 나는 그로부터 편지 한 통을 받았다. 그 편지는 다음과 같이 시작되고 있었다. "사랑하는 스탠리 박사님, 제가 그때 박사님 말씀을 들었더라면 얼마나 좋았을까요?" 하나님께서는 내 마음속에 심어 주신 성령의 통찰력을 통하여 젊은이에게 하나님의 충고를 들려주셨다. 그러나 그가 경고의 말씀을 귀 담아 듣지 않았던 것이다.

성경을 살펴보면 말씀을 듣는 것과 순종하는 것은 서로 떼려야 뗄 수 없는 동반자와 같은 관계를 잘 알 수 있다. 하나님께서는 구약 성경을 통해 여러 번 반복해서 "오, 이스라엘아 내 말을 듣고 행하도록 힘쓰라"고 외치고 계신다. 이것은 이스라엘 백성이 하나님의 말씀을 듣지 못하는 것을 염려하셨기 때문이 아니라 그들의 불순종 때문이었다. 하나님께서는 모세, 호세아, 예레미야, 이사야 등을 비롯한 수많은 선지자들을 보내셔서 이스라엘 백성들에게 하나님의 뜻을 정확하게 말씀해 주셨지만 그들이 그 말씀에 순종하지 않았던 것이다. 그들이 하나님의 음성에 순종하지 않음으로 인해서 여러 가지 어려움에 부딪혔듯이 오늘날의 우리들도 하나님의 음성에 겸손히 응답하며 따르려 하지 않음으로 인해서 여러 가지 고통과 상처와 역경들을 겪게 된다.

하나님께서 창조하셨던 첫 번째 부부 아담과 하와도 하나님의 말씀을 듣기는 했지만 그 말씀에 주의를 기울이지 못했다. 그 결과 고통스러운 불순종의 열매를 거둬들이는 비극을 맞을 수밖에 없었는데, 이는 우리 인간의 특징이 되었다. 창세기 2장은 이 영원한 원칙을 요약하고 있다.

> 여호와 하나님이 그 사람을 이끌어 에덴 동산에 두어 그것을 경작하며 지키게 하시고 여호와 하나님이 그 사람에게 명하여 이르시되 동산 각종 나무의 열매는 네가 임의로 먹되 선악을 알게 하는 나무의 열매는 먹지 말라 네가 먹는 날에는 반드시 죽으리라 하시니라(창 2:15-17).

하와는 선악을 알게 하는 나무의 열매를 따 먹기 전까지는 하나님 앞에 죄를 짓지 않았다. 그러나 하나님의 말씀을 듣고도 올바르게 행동하지 못한 것 때문에 그녀의 생애가 어떻게 되었는가? 우리들은 그 결과를 너무나 분명히 보고 있다. 하나님께서는 아담과 하와를 위하여 천국과 같이 완전한 환경을 가진 에덴동산을 만드셨다. 그리고 이러한 삶을 유지하기 위해 그들이 지켜야 할 것을 선명하게 말씀해 주셨다.

"이 모든 것은 너희가 기쁨을 얻고 즐거움을 누리도록 하기 위하여 내가 창조한 것들이다. 내가 너희에게 지혜와 능력을 줄 테니 이것들을 돌보아라. 모든 것은 마음대로 하되 단 한 가지 금지 사항이 있는데 이 정원 중앙에 있는 선악을 알게 하는 나무의 열매만은 먹지 마라. 그 실과를 먹는 날에는 반드시 죽을 것이다."

아담과 하와가 하나님의 말씀을 못 알아들었을 리가 없다. 그것은 너무나 간결하고 명확한 경고였기 때문이다. 우리들이 하나님의 영역과 우리들 자신의 삶에 관하여 생각할 때 사탄은 우리들에게 해서는 안 되는 일을 지적해 주면서 금지 구역을 범하라고 유혹한다. 사탄의 이러한 궤계는 놀라운 것이다. 그러나 성경에서 '하지 말라'고 말씀하신 각 부분은 사실 하나님께서 보호하여 주시겠다는 약속이다. 하나님께서는 우리들에게 가장 큰 관심을 가지고 계신다. 하나님께서는 우리들이 삶을 즐기지 못하도록 방해하시는 것이 아니라 우리들이 자신을 파괴하는 것을 막고 삶을 즐길 수 없는 곳으로 빠지지 않도록 주의를 시키시는 것이다. '하지 말라'는 금지의 말씀은 그 자녀들에 대한 하나님의 신성한 사랑의 표현인 것이다.

아담과 하와는 하나님께서 금지하신 것을 행하라는 사탄의 유혹을 이기지 못했다. 하와가 그 과일을 먹고 아담에게도 먹으라고 줌으로써 죄가 세상에 들어왔고 그들의 이러한 무분별한 행동의 결과로 인해 아직까지도 우리들은 고통을 겪고 있다.

우리가 하나님의 말씀을 듣지 않을 때 어떤 일이 일어나는지를 성경 말씀을 기초로 하여 다음 8가지로 정리해 보았다.

하나님의 음성이 아닌 다른 소리를 듣는다

우리가 하나님의 음성을 듣지 못하면 다른 음성을 듣게 된다.

죄가 전혀 없는 에덴동산에 살았던 하와와는 달리 우리들은 죄가 만연해 있는 세상에 살고 있기 때문에 하나님께서 말씀하시는 것에 귀를 기울이지 못할 때는 잘못된 음성을 듣게 된다. 궁극적으로 우리 자신을 파괴로 몰아가는 어떤 매혹적인 음성에 귀를 기울이게 될 수도 있다. 슬프게도 우리들이 전능하신 하나님에 대하여 귀를 막을 때 사탄이 대신 그 자리에 들어선다. 우리들은 하나님께서 무엇을 원하시는지 알면서도 "알고 있습니다, 주님. 그러나…"라고 말할 때가 가끔 있다. 이때 '그러나'라고 말하는 것은 우리들의 마음이 진정으로 하나님의 말씀을 듣는 것을 원치 않는다고 주님께 말씀드리는 것이다. 그리고 바로 이러한 때에 사탄은 우리들을 하나님의 뜻으로부터 멀리 떨어지게 하고, 우리들은 삶을 하나님의 목적과는 다른 곳으로 유인하는 잘못된 소리들에 귀를 기울이게 되고 만다.

쉽게 속아 넘어간다
하나님의 말씀을 듣지 않으면 우리는 쉽게 속아 넘어가게 된다.
창세기 3장에서 사탄과 하와의 대화를 살펴보도록 하자.

> 뱀은 여호와 하나님이 지으신 들짐승 중에 가장 간교하니라 뱀이 여자에게 물어 이르되 하나님이 참으로 너희에게 동산 모든 나무의 열매를 먹지 말라 하시더냐 여자가 뱀에게 말하되 동산 나무의 열매를 우리가 먹을 수 있으나 동산 중앙에 있는 나무의 열매는 하나님의 말씀에 너희는 먹지도 말고 만지지도 말라 너희가 죽을까 하노라 하셨느니라 뱀이 여자에게 이르되 너희가 결코 죽지 아니하리라(창 3:1-4).

사탄은 다음과 같이 말하고 있는 것이다. "자, 보자. 이 일에 대해 좀 더 충분히 이해해 보는 것이 좋지 않을까? 난 물론 하나님께서 뭐라고 말씀하셨는지 알고 있어. 그렇지만 그렇게 좁은 견해에서 받아들일 필요는 없는 거야. 넌 절대로 죽지 않을 거야." 우리들이 다른 음성에 귀를 기울이게 되면 거기에 아주 쉽게 속아 넘어가고 만다. 사실 사탄은 하나님께서 사용하셨던 것과 비슷한 말들을 사용했다. 모든 거짓말의 아버지인 사탄이 교활하고 능숙하고 미묘한 거짓말로 하와를 속였듯이 우리들도 속일 것이다.

하나님께서 말씀하고 계신다는 것을 알면서도 그 음성에 귀를 기울이지 않는 것은 반역 행위와 마찬가지다. 하나님의 음성이 아닌 다른 소리에 귀를 기울일 때 우리들의 통찰력은 균형을 잃어버리게 될 것이다. 따라서 영적인 문제나 윤리적인 문제에 부딪히게 되었을 때 하나님을 의지하고 그 음성에 귀를 기울이는 사람들은 하나님의 말씀을 듣지 않는 사람들보다 영적으로 훨씬 예리하고 명민해져서 다른 사람들이 가지지 못한 지각과 의식과 주의력을 가질 뿐 아니라 집중할 수 있는 능력과 분별력을 소유하게 된다.

사탄은 다음과 같이 말하면서 우리를 속이려 들고 있다. "설마 너희 부모처럼 되고 싶은 것은 아니겠지? 너희 부모는 전혀 다른 세대에서 성장했어. 그들은 특별히 할 일이 없었기 때문에 교회에 다녔던 거야. TV도 없고 재미있는 유흥 거리도 없었던 그 시대에야 사실 주일날 아침저녁으로 교회에 가고 수요일 날 교회 가는 것이 낙이었지. 그렇지만 너희들은 전혀 다른 세대이고 세상은 변했어. 너희들은 분명히 그들을 닮고 싶지 않을 거야."

우리들은 사탄과 대화할 때마다 좌절과 실패를 향하여 달리게 된다. 사탄은 시시때때로 우리들의 육체를 향해 유혹의 손길을 뻗친다. 달콤하게 다가오는 사탄의 외침은 너무도 쉽사리 하나님의 고요한 음성을 삼켜 버리기 때문에 우리들이 사탄에게 귀를 기울이게 되면 하나님의 음성은 점점 불분명해진다. 이때 우리들은 비논리적인 생각을 하며 자신을 합리화하고 잘못되었다는 것을 알면서도 스스로를 너그러이 용납하고 있는 자신의 모습을 발견하게 될 것이다. 하나님의 음성에 귀를 기울이지 못하면 다른 음성이 너무나도 매혹적으로 들리기 때문이다.

교만하고 독단적이다

하나님의 음성을 듣지 않을 때 우리는 자신이 하나님으로부터 독립적이라는 교만한 마음을 가지게 된다.

모든 죄의 근본은 독립성에 있다. 사탄이 하와에게 무엇이라고 유혹했는가?

> 너희가 그것을 먹는 날에는 너희 눈이 밝아져 하나님과 같이 되어 선악을 알 줄 하나님이 아심이니라(창 3:5).

그러나 여기에서 사탄은 다음과 같은 말을 살짝 빼 버리고 이야기했다. "하와야, 네가 선악을 안다 할지라도 하나님과 같이 되지는 못한다. 너는 아마 악에 대한 진실을 알게 되는 이날을 증오하게 될 거야." 하나님께서 계시하여 주시는 진리의 말씀에 불순종하기로 결정하는 순간순간마다 우리들은 자신이 하나님으로부터 분리되어 있음을 선언하는 것이다. 그리고 이것은 내가 하나님 없이도 잘해 나갈 수 있다는 교만한 마음을 표현하는 것이다. 전지하신(우리들의 과거, 현재, 미래를 모두 아시는) 하나님께 자신이 지금 가장 좋은 선택을 하고 있다고 선언하는 것은 마치 한 살짜리 꼬마가 가장 영양분이 많은 음식을 알고 있다고 생각하면서 엄마에게 메뉴를 지시하는 것과 같다. 이 얼마나 어리석은 일인가?

지금 당장 자신에게 가장 유익한 길이 무엇인지 안다고 생각하면서 독단적으로 행동하는 것은 모든 어리석음의 원형이다. 우리들은 결코 하나님처럼 될 수 없는 사람들이다. 간교하게 예민한 자존심을 건드림으로써 하와를 속였던 사탄은 오늘날에도 많은 젊은이를 향하여 "자, 너희가 시도해 보기까지는 결코 알 수 없는 거야"라고 속삭이면서 그들을 죄 가운데로 유인하고 있다.

사실 돌이켜 보면 인생에서 배우고 싶지 않았던 것들과 경험하고 싶지 않았던 것들이었음에도 불구하고 배우고 경험해 버린 일들이 무척 많을 것이다. 바로 이것이 사탄의 교묘함 때문이다.

하나님의 음성을 듣지 않을 때 우리들은 하나님으로부터 분리되고 마음속에 독단적인 교만을 품으며 하나님과 반대되는 가치 체계를 가신 음성을 듣게 된다.

육체를 만족시키는 결정을 내린다

하나님의 음성을 듣지 못할 때 우리는 영이 아닌 육체를 만족시키는 방향으로 결정을 내리게 된다.

사탄은 결코 우리들이 하나님에 대하여 굶주리고 있음을 가르쳐 주지 않는다. 하나님을 아는 지식에 대한 갈증, 하나님께 순종하려는 욕구, 하나님의 말씀을 알고 싶어 하는 욕구, 능력 있는 기도의 의미를 이해하고 싶어 하는 욕구들에 대하여, 사탄은 결코 일깨워 주지 않는다. 그렇다면 사탄이 호소하는 것은 과연 무엇인가?

사탄이 무엇으로 하와의 흥미를 끌었는지 살펴보자. 창세기 3장 6절에서는 다음과 같이 설명하고 있다. "여자가 그 나무를 본즉 먹음직도 하고 보암직도 하고 지혜롭게 할 만큼 탐스럽기도 한 나무인지라 여자가 그 열매를 따 먹고 자기와 함께 있는 남편에게도 주매 그도 먹은지라." 사탄은 하와가 그 실과를 따 먹도록 하기 위하여 지혜에 대한 욕망을 불러일으켰다.

반면에 하나님께서는 우리들의 영혼을 향하여 말씀하시는 것에 대하여 관심을 가지고 계시며 우리들과 우리들의 가족에게 가장 유익한 것이 무엇인지를 생각하신다. 비록 우리들이 구원을 받았고 전혀 새로운 속성을 지니게 되었다 할지라도 근본적인 죄성은 여전히 우리 안에 내재해 있다. 그러나 구원받은 우리들은 이제 스스로가 선택하지 않는 한 더 이상 죄의 종노릇하지 않을 것이며 스스로 항복하지 않는 한 더 이상 죄에 의해 정복당하지 않을 것이다. 모든 죄와 사탄과 지옥의 힘을 이길 수 있는 위대한 능력이 우리 안에 역사하고 있기 때문이다. 그러나 하나님의 음성을 듣는 것을 중단할 때는 우리들도 육신에 호소해 오는 음성에 귀를 기울이게 되고 거기에 속아 넘어간다. 우리들의 이름이 어린 양의 생명책에 기록되었다 할지라도 하나님의 음성에 귀를 기울이지 않으면, 믿지 않는 자들을 사로잡고 있는 바로 그 사탄이 믿는 우리들에게도 똑같은 방법을 사용하여 접근해 온다는 사실을 명심해야 한다.

그렇기 때문에 우리들은 하나님께 귀를 기울이는 하나님의 백성이 되어야 한다. 이 세상이 사용하는 언어는 하나님의 언어와 다르고 이 세상이 행진할 때에 발을 맞추는 북소리 역시 하나님의 그것과 다르다. 하나님께서는 우리들을 거룩한 길로 인도하기를 원하시며 우리들에게 가장 유익한 것이 무엇인지 잘 알고 계시기 때문에 우리들의 귀가 하나님을 향하여 열리기를 기다리고 계신다. 그러나 우리들이 하나님께 귀를 기울이지 않는다면 우리는 영이 아닌 육신에 호소하는 소리를 듣고 이를 좇아 결정하는 어리석은 자들이 되어 버리고 말 것이다.

변명을 한다

하나님의 말씀을 듣지 않을 때 우리는 자신의 잘못에 대하여 변명하기 시작한다.

창세기 3장 8-9절을 보면 다음과 같은 이야기가 기록되어 있다. "그들이 그날 바람이 불 때 동산에 거니시는 여호와 하나님의 소리를 듣고 아담과 그의 아내가 여호와 하나님의 낯을 피하여 동산 나무 사이에 숨은지라 여호와 하나님이 아담을 부르시며 그에게 이르시되 네가 어디 있느냐."

하나님께서 이렇게 물으신 이유는 정말로 그가 어디에 있는지 몰라서 알아보려고 하신 것이 결코 아니다. 하나님께서는 아담과 하와가 육체적으로, 감정적으로, 정신적으로, 영적으로 어디에 있는지를 정확히 아셨다.

아담을 찾으시는 하나님의 물음에 그는 다음과 같이 대답한다.

> 내가 동산에서 하나님의 소리를 듣고 내가 벗었으므로 두려워하여 숨었나이다(창 3:10).

아담은 두려워해 본 적이 없는 사람이다. 두려움이란 그에게 전혀 새로운 감정이었다. 하지만 하나님의 명령을 어긴 뒤 그는 마치 오늘날의 우리들 가운데 어떤 사람들처럼 감정적으로, 영적으로 두려움에 가득 차 숨어 있었던 것이다.

하나님께서는 또다시 질문하신다.

> 누가 너의 벗었음을 네게 알렸느냐(창 3:11).

이번에도 역시 하나님께서 어떤 사실을 알아내기 위하여 이런 질문을 하신 것이 아니다. 자백을 받기 위하여 이렇게 캐물으신 것이다. 이에 대한 아담의 비참한 대답이 창세기 3장 12절에 기록되어 있다. "하나님이 주셔서 나와 함께 있게 하신 여자 그가 그 나무 열매를 내게 주므로 내가 먹었나이다." 그는 다른 사람에게 죄의 책임을 전가시키고 있다. 하나님께서는 연이어 13절에서 다음과 같이 질문하신다. "여호와 하나님이 여자에게 이르시되 네가 어찌하여 이렇게 하였느냐." 이에 대한 여자의 대답을 보라. "뱀이 나를 꾀므로 내가 먹었나이다." 이것은 바로 오늘날 우리들의 행동이기도 하다. 하나님께서 말씀하실 때 무엇을 말씀하셨는지 정확히 알면서도 이에 불순종하고 그것을 합리화시키려 든다면 하나님께서는 어떤 변명도 들어 주시지 않는다. 하나님께서 말씀하고 계시는데도 불구하고 이에 대해 귀를 막고 있다면 우리들의 변명은 용납될 수 없으며 다른 사람을 비난할 수도 없다.

> 하나님께서는 우리들의 장래와 성격과 듣는 능력이 어떠한가를 알고 계시기 때문에 결코 우리들이 감당하기 어려운 것을 말씀하시지 않는다.

하와는 결코 "하나님, 제가 하나님의 명령을 잠시 잊었어요"라고 변명할 수가 없었다. 왜냐하면 하나님께서 이미 너무도 분명하게 다음과 같이 말씀하셨기 때문이다.

> 여호와 하나님이 그 사람에게 명하여 이르시되 동산 각종 나무의 열매는 네가 임의로 먹되 선악을 알게 하는 나무의 열매는 먹지 말라 네가 먹는 날에는 반드시 죽으리라 하시니라(창 2:16-17).

하나님께서는 우리들의 장래와 성격과 듣는 능력이 어떠한가를 알고 계시기 때문에 결코 우리들이 감당하기 어려운 것을 말씀하시지 않는다. 그러므로 우리들은 자신이 듣지 못한 것에 대하여 다른 사람에게 책임을 전가시킬 수 없다. 나는 나의 결점과 잘못을 변호해 보려고 노력한 적이 많다. 나는 잘못을 저지른 뒤 그것은 내가 어려서부터 아버지 없이 자랐기 때문이라고 탓하며 내 행동의 어떤 부분을 합리화시키려고 했었다. 그러나 어느 날 하나님께서는 나에게 내 죄나 고통의 문제를 다른 사람이나 환경 탓으로 돌릴 수 없음을 보여주셨다. 사실 우리들에게 어떤 일이 생겼느냐 하는 것은 문제가 되지 않는다. 나는 내 응답에 대하여 책임을 질 것이며 당신은 당신의 응답에 대하여 책임을 지게 될 것이다.

결과로 인해 고난을 겪게 된다

우리가 하나님의 음성을 듣지 않으면 그 결과로 인해 어려움을 겪게 된다.

 아담과 하와에게 말씀을 마치신 하나님께서는 그들과 사탄이 앞으로 겪게 될 고난을 말씀하셨다. 먼저 사탄을 향한 징계의 말씀이다.

> 여호와 하나님이 뱀에게 이르시되 네가 이렇게 하였으니 네가 모든 가축과 들의 모든 짐승보다 더욱 저주를 받아 배로 다니고 살아 있는 동안 흙을 먹을지니라 내가 너로 여자와 원수가 되게 하고 네 후손도 여자의 후손과 원수가 되게 하리니 여자의 후손(그리스도)은 네(사탄의) 머리를 상하게 할 것이요 너는 그의 발꿈치(십자가)를 상하게 할 것이니라 하시고(창 3:14-15).

 사탄이 죄로 인해 예수 그리스도를 해치지만 결국 하나님의 영원한 아들이신 그분이 승리하시는 것이다. 이어서 하나님께서는 아담과 하와에게 하나님을 거역한 죄에 대한 고통스러운 결과를 말씀해 주신다.

> 또 여자에게 이르시되 내가 네게 임신하는 고통을 크게 더하리니 네가 수고하고 자식을 낳을 것이며 너는 남편을 원하고 남편은

너를 다스릴 것이니라 하시고 아담에게 이르시되 네가 네 아내의 말을 듣고 내가 네게 먹지 말라 한 나무의 열매를 먹었은즉 땅은 너로 말미암아 저주를 받고 너는 네 평생에 수고하여야 그 소산을 먹으리라 땅이 네게 가시덤불과 엉겅퀴를 낼 것이라 네가 먹을 것은 밭의 채소인즉 네가 흙으로 돌아갈 때까지 얼굴에 땀을 흘려야 먹을 것을 먹으리니 네가 그것에서 취함을 입었음이라 너는 흙이니 흙으로 돌아갈 것이니라 하시니라(창 3:16-19).

성경에 의하면 하나님께서는 말씀을 마치시고 아담과 하와를 에덴동산에서 쫓아내신다(창 3:23-24). 아담과 하와가 하나님의 말씀을 듣지 않고 다른 소리에 귀를 기울였을 때 그들은 모든 것을 잃게 되었고 고통이 시작되었던 것이다. 모든 고난과 역경은 궁극적으로 에덴동산에서 지은 죄악에서 비롯되었다고 할 수 있다.

하나님의 말씀을 듣지 않을 때 우리는 그 결과로 인해 고통을 겪어야 할 것이다. 오늘날 우리가 당면한 가장 중요한 과제는 하나님의 음성에 귀를 기울이고 하나님의 말씀을 바로 듣는 일이다. 나는 목회를 하면서 하나님의 권고에 순종하지 않아서 고통당하는 사람들을 많이 보아 왔다.

내가 아는 목사님 가운데 특별히 성공적으로 목회를 하던 분이 있었는데, 하루는 그분이 새로운 사역에 도전하고 싶다는 이야기를 했다. 몇몇 전문 지식이 있는 사람들과 그를 아끼고 사랑하던 모든 사람이 그 분야가 목사님에게는 적합하지 않으니 하지 않는 것이 좋겠다고 충고했다. 그러나 그는 하나님께서 주시는 이러한 지혜로운 권고에 귀를 기울이지 않았고 종국에는 자신의 목숨마저 잃는 결과를 낳았다.

딸 때문에 애를 태우고 고민하며 수없이 그 딸을 타이르던 아버지를 본 적이 있다. "애야. 제발, 제발 그런 녀석과 어울리지 말거라. 그 녀석은 미심쩍은 점이 한두 가지가 아니다. 그런 녀석은 피해야 돼. 진실한 구석이 조금도 없는 녀석이야." 그러나 딸아이는 아버지를 통하여 들려오는 하나님의 음성을 거부하고 임신을 했고 마침내는 자신의 인생을 수렁에 빠뜨리고 말았다.

사실 얼마나 많은 십대 미혼모들이 속기 쉬운 악의 소리에 넘어가 평생을 무거운 죄의 짐을 짊어진 채 살아가고 있는가? 이들의 죄 짐을 제거하여 주실 수 있는 분은 하나님밖에 없다. 내가 아는 남자들 수십 명이 다음과 같은 고백을 했다. "아내의 말을 들었더라면 얼마나 좋았겠습니까? 아내가 '그건 좋지 않은 거래요'라고 말했을 때, 난 그 사람은 돈이나 경제적인 문제에 대해서는 전혀 모른다고 생각했지요. 아내가 그렇게 그 일을 그만두라고 사정했는데도 난 들은 척도 하지 않았고 결국 모든 것을 다 잃고 말았습니다."

나는 결혼 준비 상담을 하러 온 예비 신부에게, 그 옆에 약혼자가 앉아 있는데도 불구하고 다음과 같이 말해 준 적이 있다. "이 남자와 결혼하지 마세요. 이 사람은 자매를 사랑하지 않습니다." 두 사람은 모두 놀라서 어이없다는 표정으로 나를 바라보았다. 나는 계속해서 말했다. "결혼해서는 안 될 이유를 말씀드리지요. 이 남자 분은 결혼에 관한 생각을 묻는 중요한 질문들에 옳게 대답한 것이 하나도 없습니다. 이 남자 분에게서는 자매를 사랑한다는 마음을 조금도 찾아볼 수가 없어요. 오직 육체적인 욕망을 채우려는 마음밖에 없는 것 같습니다." 그러나 그녀는 내 말을 듣지 않았다. 내가 주례를 거부했기 때문에 다른 사람이 그들의 결혼식을 인도했다. 몇 달 뒤 그녀가 다시 찾아왔다. 나는 지금도 내 사무실 문 앞에서 하염없이 눈물을 흘리며 서 있던 그녀의 모습을 기억하고 있다. 결혼한 지 겨우 넉 달 만에 그녀는 "그때 제가 목사님의 충고를 들었더라면…" 하면서 뒤늦은 후회를 했다. 하나님을 향하여 귀를 열어 놓지 않으면 반드시 고통이 뒤따르게 된다.

> 하나님의 말씀을 듣고 순종하면 하나님께서 준비하신 가장 좋은 것이 바로 당신 차지가 될 것이다.

몇 년 전의 일이다. 예배가 끝난 후, 한 젊은 여성이 내게 다가와 다음과 같은 고백을 했다. "오늘 아침 목사님의 설교 내용이 바로 저를 두고 하신 말씀이었어요. 알코올 중독자요 불신자인 남편과 결혼한 후 전 곧 잘못했다는 것을 깨달았지요. 사실 전 하나님께서 그 결혼을 원치 않으신다는 것을 알고 있었습니다. 그런데도 전 그와 결혼을 하였고 결국 제 결혼 생활은 산산이 깨어져 파경에 이르고 말았답니다. 그렇지만 하나님께서 이제 부서진 저의 삶을 다시 모아 맞추어 주심을 느낄 수가 있어요."

어떤 일을 준비할 때 만약 마음속에 떨쳐 버릴 수 없는 깊은 의심이 일어난다면 행동하기 전에 다시 한 번 생각해야 한다. 왜냐하면 하나님께서 "안 된다"고 말씀하시는 신호일는지도 모르기 때문이다. 이럴 때는 지혜롭게, 하던 일을 중단하고 하나님 앞에 나아가 다음과 같이 기도해야 한다. "주님, 이 일에 대한 아버지의 뜻이 무엇인지 다시 한 번 말씀해 주십시오." 하나님께서는 당신에게 진실을 말씀해 주시고 당신을 고통으로부터 구원하여 주실 것이다.

주위 사람들이 상처를 입는다

하나님의 말씀을 듣지 않으면 주변 사람들이 나로 인해 상처를 받게 된다.

　죄란 단독으로 짓는 것이 아니기 때문이다. 남편이 하나님의 말씀을 듣지 않으면 아내가 상처를 받게 되고, 자녀들이 하나님의 말씀을 듣지 않으면 부모가 아픔을 겪게 된다. 사업하는 사람이 함께 일하는 신실한 동업자의 충고를 듣지 않으면 그 사업이 실패하게 되고, 한 나라의 위정자들이 하나님의 음성에 귀 기울이지 않으면 그 나라의 모든 국민이 고통을 겪게 된다. 이처럼 우리가 하나님의 말씀을 듣지 않으면 다른 사람들도 다치게 된다.

하나님께서 준비하신 가장 좋은 것을 잃게 된다

우리가 하나님께 귀를 기울이지 않으면 하나님께서 준비하신 가장 좋은 것을 놓치게 된다.

　에덴동산은 하나님께서 아담과 하와를 위하여 준비하신 최선의 보금자리였다. 그러나 그들은 사탄의 유혹에 넘어가 그 모든 것을 다 잃었다. 이제 당신에게 한 가지 질문을 하고자 한다. 많은 사람이 하나님의 음성이 아닌 다른 소리에 귀를 기울임으로써 하나님께서 준비하신 최선의 것을 놓치게 될 위험에 처해 있다. 하나님께서는 지금 바로 당신을 위하여 가장 좋은 것을 예비하고 계신다. 그러나 만약 당신이 하나님의 음성을 듣지 못한다면 그것을 놓쳐 버릴 것이다. 하나님이 주시는 최고의 선물보다 사탄이 주는 것을 받고 싶은가? 하나님의 말씀을 듣고 순종하면 하나님께서 준비하신 가장 좋은 것이 바로 당신 차지가 될 것이다.

사무엘상 15장을 보면 사무엘은 사울에게 "지금 가서 아말렉을 쳐서 그들의 모든 소유를 남기지 말고 진멸하되 남녀와 소아와 젖 먹는 아이와 우양과 낙타와 나귀를 죽이라"는 임무를 띠워 보낸다(3절). 그러나 사울은 가장 좋은 전리품 몇 점을 남기고 왕의 목숨을 살려 둔다. 그리고 그러한 자신의 불순종이 사무엘에게 드러나자 사울은 다음과 같이 변명한다. "내가 범죄하였나이다 내가 여호와의 명령과 당신의 말씀을 어긴 것은 내가 백성을 두려워하여 그 말을 청종하였음이니이다"(24절). 사울은 동료 전사들의 비위와 욕심을 맞추려다가 아말렉 족속과 그 왕을 진멸하라는 하나님의 원래 명령에 대한 통찰력을 잃어버렸던 것이다.

How To Listen To GOD

하나님의 음성을 듣는 삶
— 견고하게 건축되는 삶

- 인생을 잘 건축하기 위한 요건
- 인생의 집을 견고하게 건축해야 하는 이유
- 삶을 잘 건축한 대가
- 결론: 오직 하나님의 음성을 갈망하라

How To Listen To GOD

단 몇 분 간 만이라도 하나님 앞에 나가서 말씀을 들을 때에
우리들의 삶이 달라지고 생각이 변화되며 영원에 대한 목적과 방향이 재정립될 것이다.
슬픈 마음이 기쁨을 얻게 되고 어지러운 생각이 정돈되며 암담한 장래에 빛이 비취기 시작할 것이다.
또한 외로운 영혼은 다정한 사랑을 경험하게 되고 반항적인 영혼은 순하게 변화되며
방황하는 영혼은 확고한 안정을 얻게 될 것이다.

예수님께서는 보통 한 가지의 비유를 말씀하여 주신 후에 제자들에게조차도 그것을 다시 풀어서 상세하게 설명하여 주셨다. 그러나 마태복음 7장의 '반석 위에 지은 집' 비유는 간결하고 명확하여 더 이상 설명이 필요 없다.

> 그러므로 누구든지 나의 이 말을 듣고 행하는 자는 그 집을 반석 위에 지은 지혜로운 사람 같으리니 비가 내리고 창수가 나고 바람이 불어 그 집에 부딪치되 무너지지 아니하나니 이는 주추를 반석 위에 놓은 까닭이요 나의 이 말을 듣고 행하지 아니하는 자는 그 집을 모래 위에 지은 어리석은 사람 같으리니 비가 내리고 창수가 나고 바람이 불어 그 집에 부딪치매 무너져 그 무너짐이 심하니라(마 7:24-27).

예수님께서는 이 비유를 통하여 우리들 한 사람 한 사람이 인생의 집을 세워 가는 자들이며 하나님의 음성을 듣고 그에 따라 행할 때에만 참으로 튼튼한 집을 지을 수 있다는 간결한 진리를 우리들 앞에 내놓으셨다. 예수님께서는 바위가 많은 언덕에 모여든 군중들에게 지금 자신이 특별히 놀랄 만한 새로운 유형의 삶에 관하여 이야기하고 있는 것이 아님을 깨우쳐 주고 싶어 하셨다. 그것이 너무나 평범하고 일반적인 설교였기 때문에 혹 사람들은 집으로 돌아가면서 "뭐 그리 대단한 설교도 아닌데"라고 중얼거리고는 곧 그 내용을 잊어버렸을지도 모른다. 사실 예수님께서 가르치셨던 것은 사람이 많이 모인 거리나 회당에서 토론하기 위한 새로운 영적 문제들에 관한 것이 아니라 실제 우리들의 삶 구석구석에서 지금 곧 실행되어야 할 거룩한 진리에 관한 것이었다.

29절 말씀을 보면 "이는 그 가르치시는 것이 권위 있는 자와 같고 그들의 서기관들과 같지 아니함일러라"고 하였는데 다음과 같이 말씀하시는 예수님을 생각해 볼 수 있다. "남자들이여, 여자들이여, 어린이들이여, 이제 너희들은 나의 말을 들었고 이것은 하나님께로부터 온 것이다. 어떻게 축복받고 어떻게 용서하며 어떻게 기도하는 것인가에 관한 나의 가르침을 들었고 내 왕국과 그 기본 원칙들에 관한 진리의 말씀을 들었으니 이제 마지막 명령을 남기고 떠나고자 한다. 이 진리의 말씀을 실행하라. 그리하면 너희들의 삶이 튼튼한 기초 위에 짓는 집과 같이 될 것이다. 그러나 이 진리의 말씀을 잊거나 무시하거나 머리에 넣어 두기만 한다면 너희들의 삶은 무가치해질 것이며, 마치 모래 위에 세운 집과 같이 될 것이다. 선택은 너희들에게 달려 있다."

하나님의 말씀을 듣고 순종하는 것이 폭풍 가운데서도 생존할 수 있는 유일한 방법이다. 하나님의 음성을 듣고 그것을 우리들의 가치 체계와 행동 양식과 사고와 대화 속에 충실하게 적용시키는 것은 삶을 지탱해 나가는 데 필요한 선행 조건이기 때문이다. 늘 깨어 있어 하나님께서 말씀하시는 그 음성에 응답할 때에 우리들의 삶은 사나운 비바람이나 유혹과 시련에 의해 결코 붕괴되지 않는 반석 위에 기초를 두게 될 것이다. 설교를 듣고 신앙 서적을 읽는 것만으로는 위험하다. 그 이유가 바로 여기에 있다. 예수님께서는 진리의 말씀을 듣고도 실행치 않는 사람들은 마치 모래 위에 집을 짓는 어리석은 자와 같다고 말씀하셨다. 우리들은 자신이 들은 모든 영적 진리의 말씀에 기초하여 실행치 않은 것에 대하여 각자가 책임을 져야 할 것이다. 우리들이 얼마나 이러한 진리 위에 굳건히 서 있는가 하는 것은 인생의 폭풍이 닥쳐올 때 분명해질 것이다. 우리들은 하나님의 말씀을 듣고 매일매일 적용시키며 생활해 나가고 있는가? 아니면 말씀을 듣긴 하지만 전혀 실행하지 않은 채 형편없는 기초 위에 집을 세우고 있는가?

어떤 사람들은 겉으로 보기에 그럴싸하고 성공적으로 인생을 살아가는 것 같지만 실제로는 그렇지 못한 경우도 있다. 겉모습은 견고해 보일는지 모르지만 그 내면을 보면 붕괴 직전의 위기에 처해 있는 사람도 있다. 그들은 우리를 속일 수 있을지는 모르지만 크고 영원한 심판의 폭풍이 몰아칠 때 무너지고 말 것이다. 잠깐 24절 말씀을 다시 보자. 개역 성경에는 24절이 "그러므로 누구든지 나의 이 말을 듣고 행하는 자는"이라고 부연 설명이 달려 있지만 원래 헬라어 성경에는 "그러므로"라는 한 단어밖에 없다. 예수님께서는 어느 누구도 예외가 되는 것을 원치 않으셨다. 예수님께서는 각자의 책임을 강조하셨다. 이 책임은 아무도 피할 수 없을 것이다.

> 하나님께서 말씀하시는 그 음성에 응답함으로써 우리들의 삶은 사나운 비바람이나 유혹과 시련에 의해 결코 붕괴되지 않는 반석 위에 기초를 두게 될 것이다.

인생을 잘 건축하기 위한 요건

어떻게 해야 든든하게 잘 세워지는 삶을 영위할 수 있을까? 예수님께서는 우리들에게 2가지의 아주 간단한 요건들을 제시하여 주셨다. 첫째가 하나님의 말씀을 들으라는 것이며 둘째가 바로 그 말씀에 순종하라는 것이다.

든든하게 잘 지어진 인생을 살아가기 위해서 첫 번째로 필요한 것은 하나님의 말씀을 듣는 일이다. 성경의 많은 구절들이 먼저 하나님이 말씀을 들을 것을 강조하고 있다. 디모데후서 3장 16-17절은 다음과 같이 말하고 있다. "모든 성경은 하나님의 감동으로 된 것으로 교훈과 책망과 바르게 함과 의로 교육하기에 유익하니 이는 하나님의 사람으로 온전하게 하며 모든 선한 일을 행할 능력을 갖추게 하려 함이라."

성경의 목적은 그러한 원리들을 우리들의 삶 속에서 세워 나가는 것이다. 시편 19편 7-8절에서 시편의 기자는 다음과 같이 고백하고 있다. "여호와의 율법은 완전하여 영혼을 소성시키며 여호와의 증거는 확실하여 우둔한 자를 지혜롭게 하며 여호와의 교훈은 정직하여 마음을 기쁘게 하고 여호와의 계명은 순결하여 눈을 밝게 하시도다."
여호수아에게 하신 말씀도 잊지 말아야 한다.

> 오직 강하고 극히 담대하여 나의 종 모세가 네게 명령한 그 율법을 다 지켜 행하고 우로나 좌로나 치우치지 말라 그리하면 어디로 가든지 형통하리니 이 율법책을 네 입에서 떠나지 말게 하며 주야로 그것을 묵상하여 그 안에 기록된 대로 다 지켜 행하라 그리하면 네 길이 평탄하게 될 것이며 네가 형통하리라(수 1:7-8).

말씀의 중요성을 깨닫고 성경의 여러 가지 원칙들에 대하여 세심한 주의를 기울이며 말씀에 뿌리를 박는 생활을 함으로써 우리들은 견고한 삶을 살 수가 있다.

골로새서 3장 16절에서 바울은 이러한 개념을 확대하여 설명하고 있다. "그리스도의 말씀이 너희 속에 풍성히 거하여 모든 지혜로 피차 가르치며 권면하고 시와 찬송과 신령한 노래를 부르며 감사하는 마음으로 하나님을 찬양하고." 은행 계좌에는 100달러가 있지만 지갑에 지금 당장 쓸 수 있는 현금이 한 푼도 없고 신용카드도 갖고 있지 않다면 그 사람은 부유한 걸까? 그렇지 않다. 요한복음 3장 16절과 시편 23편 말씀을 아는 사람이 부유하다고 할 수 있을까? 실제로 꼭 그렇다고 할 수 없다. 하나님의 말씀은 우리들의 마음과 삶 속에 넘치도록 풍성하게 거하여야 하기 때문이다.

중요한 것은 하나님의 말씀을 우리들의 삶 속에 세우는 일이다. 나는 내 설교를 들으며 자라나고 있는 어린아이들을 자주 생각한다. 사실 그들에게는 그림 그리는 일이 설교를 듣는 것보다 더 관심 있는 일일 것이다. 그러나 하나님의 말씀은 바로 이런 귀하고 순수한 아이들에게 더욱 큰 감동과 영향을 준다. 사실 아이들은 말씀을 이해하지 못할 때도 있다. 그러나 말씀은 그들 속에 있으며 어느 날엔가 그들에게 말씀이 가장 필요한 때에 성령을 통하여 하나님께서 그 진리를 다시 일으켜 세워 주실 것이다. 무의식적으로 들어온 영적인 진리의 말씀과 원리들이 바로 그들 삶의 기초가 될 것이다. 그리고 그들이 십대가 되었을 때 시련의 바람이 불어온다 해도 그 시련을 이겨 낼 수 있게 될 것이다. 그들의 인생 초기 단계가 잘 지어졌기 때문이다.

든든하게 잘 지어진 인생을 살아가기 위해서 두 번째로 필요한 것은 하나님의 말씀에 따라 주의하고 순종하며 그 말씀을 적용하는 일이다.

이러한 영적인 원리들은 우리들의 삶을 인도하고 제어하여 줄 것이다. 시편 119편의 몇몇 구절들은 우리들이 하나님의 말씀에 순종해야만 하는 이유와 그 중요성을 이해하는 데 도움이 된다.

> 행위가 온전하여 여호와의 율법을 따라 행하는 자들은 복이 있음이여 여호와의 증거들을 지키고 전심으로 여호와를 구하는 자는 복이 있도다(1-2절).

> 주의 증거들은 나의 즐거움이요 나의 충고자니이다(24절).

여호와여 주의 율례들의 도를 내게 가르치소서 내가 끝까지 지키리이다 나로 하여금 깨닫게 하여 주소서 내가 주의 법을 준행하며 전심으로 지키리이다(33-34절).

고난 당한 것이 내게 유익이라 이로 말미암아 내가 주의 율례들을 배우게 되었나이다 주의 입의 법이 내게는 천천 금은보다 좋으니이다(71-72절).

주의 법을 사랑하는 자에게는 큰 평안이 있으니 그들에게 장애물이 없으리이다(165절).

축복과 평안과 지혜는 하나님의 말씀을 지키고 하나님이 그 말씀에 대하여 신실하신 분임을 깨달은 것에 대한 결과였다. 누가복음 11장에서 예수님께서는 가장 중요한 진리 가운데 한 가지를 말씀하여 주셨다.

이 말씀을 하실 때에 무리 중에서 한 여자가 음성을 높여 이르되 당신을 밴 태와 당신을 먹인 젖이 복이 있나이다 하니(눅 11:27).

이에 대한 예수님의 대답은 하나님의 가족 된 자들의 성품을 보여 주고 있다.

오히려 하나님의 말씀을 듣고 지키는 자가 복이 있느니라(눅 11:28).

예수님께서는 자신을 낳은 어머니 마리아보다도 하나님의 말씀을 듣고 실행하는 자가 더 축복받을 것이라고 말씀하신 것이다.

현명한 남자와 여자는 열심히 성경의 원리에 귀를 기울이고, 들은 것을 실행하여 생활에 적용하며, 진리의 원칙에 따라 삶의 방향을 정해 나갈 것이다. 예수님께서 말씀하시기를 어리석은 자들은 듣고서도 행하지 않는다고 하셨다. 마태복음 7장의 '반석 위에 지은 집' 비유에서도 두 사람 모두 듣기는 듣지만 그 중 한 사람은 듣고 행하는 반면 다른 한 사람은 들은 것을 무시하여 버렸다. 우리들은 모두 받은 진리의 말씀대로 행함으로써 반석 위에 집을 짓거나 그대로 행하지 않음으로써 모래 위에 집을 짓는 두 가지의 범주 중 하나에 속해 있다. 한편 이렇게 견고한 집을 짓기 위한 요건들을 아는 것도 중요하지만 왜 견고한 집을 건축해야 하는지에 대하여 아는 것도 이에 못지않게 중요하다.

인생의 집을 견고하게 건축해야 하는 이유

어떤 사람이 그리스도인의 삶은 "폭풍우를 향해 나아가고 폭풍우 속에서 견디며 폭풍우를 뚫고 나오는 삶"이라고 묘사하는 것을 들은 적이 있다.

인생의 집을 튼튼하게 잘 지어야 하는 첫 번째 이유는 바로 이러한 피할 수 없는 인생의 폭풍 때문이다.

비록 그 횟수는 다를지라도 이러한 폭풍은 누구에게나 다가온다. 예수님께서 말씀하실 때 "만약 비가 온다면", "만약 홍수가 난다면",

"만약 바람이 분다면"이라고 하지 않으셨다. 분명히 "비가 내리고 창수가 나고 바람이 불어 그 집에 부딪치매"(마 7:27)라고 말씀하셨다.

우리가 살아가는 가운데 결혼이나 경제적인 문제 등 여러 가지 피할 수 없는 폭풍우는 반드시 다가오기 마련이다. 이때 우리들에게는 좌절의 비가 내리게 되며 육체적으로 병들고 상하는 홍수가 나기도 한다. 삶의 어떤 측면이 될지 모르겠지만 인생에서 이러한 폭풍우가 누구에게나 밀려오는 것만은 분명하다. 바위 위에 집 짓는 사람, 모래 위에 집 짓는 사람 모두에게 홍수의 거친 물살이 덮쳐 올 것이다. 그렇다면 문제는 어떻게 인생의 집을 지어야만 이러한 폭풍우를 견디고 살아남을 수 있느냐 하는 것이다.

60세가 될 때까지는 이러한 폭풍우가 닥치지 않을 것이라는 보장을 받은 사람은 아무도 없다. 젊은 시절에 이러한 폭풍우가 몰려올 수도 있고 중년이 되었을 때 몰려올 수도 있다. 물론 더 나이가 들어서 겪게 되는 수도 있다. 어쩌면 인생의 모든 단계에서 이런 폭풍우를 만날는지도 모른다.

폭풍우는 피할 수 없을 뿐만 아니라 제어할 수도 없는 것이다. 불어난 급류와 거세게 몰아치는 비바람을 결코 우리들의 힘으로는 제어할 수 없다. 일 년에 몇 번씩은 홍수로 인해 집이 떠내려가고 건물이 무너지고 산사태가 일어나는 것을 텔레비전을 통해서 보았을 것이다. 예수님께서는 니고데모에게 다음과 같이 말씀하셨다.

> 바람이 임의로 불매 네가 그 소리는 들어도 어디서 와서 어디로 가는지 알지 못하나니(요 3:8).

이 말씀처럼 우리들은 자신의 힘으로 어쩔 수 없는 상황에 처하게 될 때가 무척 많다. 이러한 때에 우리들의 삶이 어떻게 건축되었는가에 따라 우리들이 무너지느냐 혹은 든든하게 견뎌 내느냐가 결정될 것이다.

> 예수 그리스도를 개인적인 구주로 영접할 때 하나님께서 우리들을 영원히 흔들리지 않는 반석 위에 세워 주실 것이다.

물론 우리들이 집을 지을 때 폭풍우를 피할 수 없다는 사실을 명심해야 하지만, 튼튼하게 잘 지어진 집은 결코 무너지지 않는다는 것도 알아야 한다. 견고하게 잘 건축된 삶에 관하여 고려할 때에 우리들은 먼저 영원한 반석이신 예수 그리스도를 기초로 하는 인생을 생각해야 한다. 바울은 고린도전서 10장에서 애굽의 속박에서 벗어나 홍해를 건너는 구약의 조상들에 대하여 언급하면서 다음과 같은 말을 하였다.

> 다 같은 신령한 음료를 마셨으니 이는 그들을 따르는 신령한 반석으로부터 마셨으매 그 반석은 곧 그리스도시라(고전 10:4).

바울은 분명하게 예수 그리스도를 반석이라고 칭하고 있다. 예수 그리스도를 개인적인 구주로 영접할 때 하나님께서 우리들을 영원히 흔들리지 않는 반석 위에 세워 주실 것이다.

인생의 집을 튼튼하게 잘 지어야 하는 두 번째 이유는 영속적이고 내구적인 재료를 필요로 하기 때문이다.

성경은 이사야 40장 8절에서 다음과 같이 말하고 있다. "풀은 마르고 꽃은 시드나 우리 하나님의 말씀은 영원히 서리라 하라." 결코 파괴되지 않는 인생의 집을 건축할 수 있는 재료는 바로 하나님의 말씀이다. 하나님께서는 우리들이 성경의 원칙에 의해 삶을 건축하기를 원하신다. 그러므로 우리들은 성경의 원칙에 의해 인도되는 삶을 살아야 한다. 이렇게 할 때에 살아 계신 하나님의 말씀이 우리 삶의 모든 구석구석에 스며들게 될 것이다. 우리들은 육적인 존재인 동시에 영적인 존재이기도 하다. 그러므로 영원히 변치 않는 삶을 건축하기 위해서는 영적인 재료를 사용하여야 할 것이다.

우리들은 매일의 삶 속에서 선하고 악한 모든 행동을 통하여 자신의 인생의 집을 세워 나간다. 영원한 집을 세우기 위하여 우리들은 변함없는 반석에 기초를 두어야 하며 하나님의 영원한 말씀을 재료로 사용해야 한다. 요한복음 14장 2-3절에서 예수께서는 다음과 같이 말씀하여 주셨다. "내 아버지 집에 거할 곳이 많도다 그렇지 않으면 너희에게 일렀으리라 내가 너희를 위하여 거처를 예비하러 가노니 가서 너희를 위하여 거처를 예비하면 내가 다시 와서 너희를 내게로 영접하여 나 있는 곳에 너희도 있게 하리라."

에베소서 2장 6-7절에서 바울은 다음과 같이 말하였다. "또 함께 일으키사 그리스도 예수 안에서 함께 하늘에 앉히시니 이는 그리스도 예수 안에서 우리에게 자비하심으로써 그 은혜의 지극히 풍성함을 오는 여러 세대에 나타내려 하심이라." 하나님께서는 우리들이 정말 가치 없는 죄인이었을 때에 더할 수 없는 자비로써 우리들에게 영원한 구원을 주셨다. 우리들은 모두 주 예수 그리스도의 상급이다. 그러므로 영원히 하나님을 영화롭게 하고 그 빛을 발하고 그 향기를 전하려는 목적을 가지고 자신의 삶을 건축해야 한다. 이러한 건축은 바로 현재의 노력에 의해 이루어질 것이다.

우리들은 하나님을 영화롭게 하는 삶을 건축해야 한다. 고린도전서 3장 10-15절은 이 세상에서의 삶이 곧 하늘나라에서 우리들의 상급을 결정하는 건축 작품임을 계시해 주고 있다. 그런데 나는 가끔 너무나 어리석은 말을 하는 사람들을 본다. "오늘은 내 뜻대로 살고 내일부터 평생을 하나님께 바치겠다." 혹은 젊은이들 가운데 다음과 같이 말하는 사람도 있다. "지금은 인생을 즐기고 나중에 하나님께 헌신하겠다." 이것은 모두 악마의 함정을 향하여 달음박질치는 생각들이다. 사탄도 인생의 집을 든든하게 잘 짓는 데는 올바른 기초가 필요하다는 사실을 잘 알고 있다.

물론 폭풍우는 피할 수 없고 반드시 닥쳐오겠지만 마음속에 영생에 대한 소망을 품고 영원한 재료를 사용하여 견고한 집을 짓는다면 이러한 사람들이야말로 "지혜로운 사람"(마 7:24)이라고 성경은 말하고 있다.

인생의 집을 튼튼하게 잘 지어야 하는 세 번째 이유는 잘못 지었을 경우에 발생하는 피할 수 없는 끔찍한 결과를 막기 위함이다.

예수님께서는 모래 위에 집을 짓는 사람은 폭풍우가 몰아칠 때 집이 무너지고 모든 것을 잃게 될 것이라고 말씀하셨다. 반석 위의 집에는 약한 비바람이 불고 모래 위의 집에는 더 강한 비바람이 불어서 그렇게 되는 것이 아니다. 동일한 폭풍우에 그렇게 되는 것이다. 그리스도가 없는 삶, 하나님의 말씀을 실천하지 않는 삶이 바로 잘못 건축된 인생이다. 하나님의 말씀을 듣고도 그것을 무시하고 거부하는 사람들이 그릇된 인생을 건축하게 된다. 그러므로 단순히 교회에 왔다 갔다 하는 것은 매우 위험한 일이다. 일생 동안 얼마나 많은 진리를 들었느냐를 측정하는 것도 어려운 일이지만 우리들이 실천한 진리가 얼마나 되느냐가 더욱 중요한 문제이다. 열심히 하나님의 말씀을 듣고 그 말씀을 실천하는 사람이 지혜로운 자라고 예수님께서 말씀해 주셨다. 아주 간단한 이치이다. 어리석은 자가 되기를 원한다면 하나님의 음성을 듣고도 그것을 무시하고 거부하면 된다. 그러나 사방에서 폭풍우가 몰아칠 때에 우리들은 하나님의 말씀을 듣고 하나님께 순종하는 삶을 건축한 것에 대하여 감사하게 될 것이며 인생의 가장 큰 폭풍우를 견디고 살아남을 수 있게 될 것이다.

삶을 잘 건축한 대가

삶을 잘 건축하였을 때의 대가는 무엇일까?

첫째, 삶을 잘 건축하는 사람은 어떤 어려움이라도 견뎌 낼 수 있게 된다.

둘째, 삶을 잘 건축하는 사람은 삶을 즐길 수 있는 능력을 소유하게 된다.

반석에 기초를 두고 하나님의 말씀을 재료 삼아 집을 짓는 사람은 어떤 고난과 슬픔과 시련 속에서도 평강을 누릴 수 있게 되고 삶의 즐거움을 알게 되며 이러한 즐거움이 참된 것임을 느낄 것이다. 세상이 주는 쾌락들은 우리에게 고통을 가져다줄 뿐이다. 지혜로운 사람은 자기에게 유익한 것과 해로운 것, 영원한 가치를 지닌 것과 그렇지 못한 것, 진정한 즐거움을 가져다주는 것과 그렇지 못한 것들을 구별할 줄 안다.

셋째, 삶을 잘 건축하는 사람은 다른 사람까지 부유하게 해 준다.

하나님의 말씀을 재료로 하여 집을 짓는 사람은 자기가 만나는 사람들의 생활까지도 말씀이 넘쳐흐르게 하기 때문이다. 우리들이 변화된다면 우리들이 만나는 사람들의 삶 역시 변화될 것이다. 그들도 우리가 원하는 것을 원하게 될 것이며 우리들이 발견한 것을 발견하고 싶어 할 것이다. 하나님의 말씀을 충만하게 받은 사람은 그가 만나는 각 사람에게 영원한 그 무엇인가를 선사하게 된다.

넷째, 삶을 잘 건축하는 사람은 지속적인 영적 성장을 할 수 있다.

인생의 폭풍우가 물러갈 때는 다시 한 번 하나님의 신실하심을 찬양하게 되고 하나님에 관하여 더욱더 많은 것을 알게 될 것이다. 폭풍우 가운데서도 하나님에 대한 믿음을 저버리지 않을 때 하나님께서는 우리들의 삶 가운데 엄청난 복을 내려 주실 것이다. 그리고 우리들이 하나님의 음성을 듣고 그에 순종하는 생활을 함으로써 하나님께 충성된 삶을 산다면 하나님께서 우리들을 존귀하게 만들어 주시고 복 내려 주실 것이다.

결론: 오직 하나님의 음성을 갈망하라

엘리야는 구약 시대의 가장 위대한 선지자 중 한 사람으로서 기적과 같은 사역을 통하여 이스라엘 민족에게 큰 영향을 미쳤던 인물이다. 엘리야는 왕에게 대항하고 죽은 자를 일으키며 거짓 선지자들에게 담대히 맞서서 그들을 섬멸하는 등의 놀라운 일들을 행했다. 그러나 야고보서는 이러한 엘리야도 "우리와 성정이 같은 사람"(약 5:17)이었다고 기록하고 있다. 사실 엘리야도 바알 선지자들을 물리친 후 이세벨 여왕으로부터 도망갈 때에 심한 좌절을 경험했다.

열왕기상 19장 4절을 보면 그가 광야로 들어가 죽기를 구하였다고 기록되어 있다. 그러나 그는 천사의 도움을 받고 힘을 얻어 사십 일을 밤낮으로 걸어 하나님의 산 호렙에 이르게 된다(8절). 지쳐서 거의 쓰러질 지경에 이른 엘리야가 거의 한 달 반이라는 긴 시간을 걸어서 호렙 산에 이를 수 있었던 것은 결코 우연한 일이 아니었다(호렙 산은 시내 산이라고 불리기도 한다).

이 호렙 산은 일찍이 모세가 떨기나무 불꽃 가운데서 하나님을 만나 하나님의 말씀을 들었던 곳이다(출 3:4). 출애굽기에서는 이 밖에도 호렙 산에 관련된 성경 구절이 여러 번 나온다.

> 여호와께서 시내 산 곧 그 산 꼭대기에 강림하시고 모세를 그리로 부르시니 모세가 올라가매(출 19:20).

> 여호와의 영광이 시내 산 위에 머무르고 구름이 엿새 동안 산을 가리더니 일곱째 날에 여호와께서 구름 가운데서 모세를 부르시니라(출 24:16).

> 내가 호렙 산에 있는 그 반석 위 거기서 네 앞에 서리니 너는 그 반석을 치라 그것에서 물이 나오리니 백성이 마시리라 모세가 이스라엘 장로들의 목전에서 그대로 행하니라(출 17: 6).

엘리야는 호렙 산이 바로 하나님의 말씀을 들을 수 있는 곳이라는 사실을 알고 있었다. 그의 사역 기간 중 그 시기에 그에게 가장 필요했던 것은 바로 하나님의 위로하시는 음성이었다. 기적이나 다른 선지자의 도움이 그를 충족시켜 주지 못했기 때문이다. 그래서 엘리야는 필사적으로 하나님의 음성을 들으려고 했다.

하나님께서는 이러한 그를 실망시키지 않으셨다.

> 여호와 앞에 크고 강한 바람이 산을 가르고 바위를 부수나 바람 가운데에 여호와께서 계시지 아니하며 바람 후에 지진이 있으나 지진 가운데에도 여호와께서 계시지 아니하며 또 지진 후에 불이 있으나 불 가운데에도 여호와께서 계시지 아니하더니 불 후에 세미한 소리가 있는지라 엘리야가 듣고 겉옷으로 얼굴을 가리고 나가 굴 어귀에 서매(왕상 19:11-13).

하나님께서는 엘리야에게 그의 장래를 계시해 주시면서 그의 대를 이을 자로서 엘리사를 즉시 택하여 기름을 부으라고 명하셨다. 잠깐 사이에 하나님께서는 진이 다 빠진 엘리야 선지자에게 새 힘을 불어 넣어 주셨다(왕상 19:13-17).

마찬가지로 우리 믿는 자들이 왕을 섬기는 삶을 살아가다가 지치고 약해졌을 때에 새 힘과 용기를 줄 수 있는 것도 오직 하나님의 음성뿐이다. 우리들의 상황이 하나님의 인도, 위로, 확신, 인내, 강건, 믿음, 기쁨, 평강, 이 가운데 그 어떤 것을 요구한다 할지라도 하나님의 음성은 그것을 충분히 공급해 주실 수 있다.

세상이나 종교의 혼란과 지진, 바람, 불 등의 소음 가운데서는 하나님의 응답을 발견할 수 없다. 따라서 교통이 혼잡한 거리나 시끄러운 사무실 혹은 떠들어 대는 친구들 사이에 있을 때 하나님의 음성을 정확히 듣는다는 것은 매우 힘든 일이다. 하나님께서는 우리들 한 사람 한 사람에게 개인적으로 말씀하기를 원하시기 때문에 비록 짧더라도 조용하게 혼자 있는 시간을 마련하는 것이 필요하다.

사실 사람들은 종교, 정치, 스포츠 방면의 유명 인사들을 만나거나 연설을 듣기 위하여 길게 줄을 서서 기다리고 있을 때가 참 많다. 오늘의 주요 뉴스, 이를테면 아파트 화재나 태풍 속보를 듣기 위하여 텔레비전 앞에서 참을성 있게 기다리기도 하며 일기 예보를 듣기 위하여 라디오에 달라붙어 있기도 한다. 어디 그뿐이겠는가! 이 밖에도 영원한 것에는 전혀 어떤 변화도 가져올 수 없는 사실들을 듣기 위하여 사람들이 투자하는 시간은 아마 말 그대로 수천 시간이 되고도 남을 것이다.

단 몇 분 간 만이라도 하나님 앞에 나가서 말씀을 들을 때에 우리들의 삶이 달라지고 생각이 변화되며 영원에 대한 목적과 방향이 재정립될 것이다. 슬픈 마음이 기쁨을 얻게 되고 어지러운 생각이 정돈되며 암담한 장래에 빛이 비취기 시작할 것이다. 또한 외로운 영혼은 다정한 사랑을 경험하게 되고 반항적인 영혼은 순하게 변화되며 방황하는 영혼은 확고한 안정을 얻게 될 것이다.

예수님께서는 어디를 가거나 가르치신 후에 "귀 있는 자는 들을지어다"라고 말씀하셨다. 그리고 하나님의 진리를 듣는 자는 복이 있으나 거부하는 자는 더 큰 불신으로 정죄받게 된다고 말씀하셨다.

2천 년이 지난 지금 우리들은 그 어느 때보다도 완전하게 하나님의 말씀을 들을 수 있는 장비를 갖추고 있다. 우리 안에는 예수님께서 말씀하신 모든 것을 일깨우고 가르치시는 성령이 계시며, 우리 손 끝에는 하나님의 인격, 본질, 진리, 원칙들의 위대한 총체인 완벽한 하나님의 말씀, 성경이 있다. 그뿐 아니라 신실한 성도들이 많은 나라에서는 하나님을 알 뿐 아니라 깊이 사랑하고 있는 많은 현명한 상담자들과 손쉽게 만날 수도 있다.

그러므로 우리들은 긍휼하심을 받고 때를 따라 돕는 은혜를 얻기 위하여 은혜의 보좌 앞에 담대히 나갈 수 있다(히 4:16). 하나님의 자녀들에게 하나님의 분명한 메시지보다 더 풍성하게 인자하며 자비로운 표현이 어디에 있겠는가?

우리들은 두려움을 벗어 버리고 기대에 부풀어서 "시온 산과 살아 계신 하나님의 도성"(히 12:22)에 나갈 수 있다. 그곳은 하나님께서 즐겨 그 백성을 가르치시고 용기를 북돋아 주셨던 곳이다. 책망이나 훈계를 받았다고 해서 결코 실망할 필요가 없다. 하나님의 말씀은 모두 우리들의 복된 삶을 위한 것이기 때문이다.

우리들은 마리아처럼 하나님의 발아래 앉아 주님의 말씀을 듣는 법을 배워야 한다(눅 10:39). 잘 훈련된 조용한 기도와 하나님의 말씀이나 하나님의 백성들과의 교통을 통해서 우리들은 주변의 소요로부터 하나님의 음성을 분별하는 방법을 성공적으로 터득할 수 있다.

그렇게 되면 우리들은 "좋은 편을 택하였으니 빼앗기지 아니하리라"(눅 10:42)는 말씀을 믿고 이해할 수 있게 될 것이다. 일단 하나님의 말씀을 듣게 되면 아무것도 이에 비길 수가 없다. 하나님의 음성을 듣는, 더할 수 없이 귀한 경험으로 인해 다른 모든 것들이 퇴색해 버리기 때문이다. 아무리 고난과 시련이 닥치고 불안한 환경에 처하게 된다 할지라도 하나님의 말씀으로 인한 놀라운 평안과 확신을 빼앗기지 않을 것이다.

하나님의 말씀을 듣는 사람은 그 말씀 안에 안전하게 거하고 있기 때문에 삶을 살아가는 가운데 어떤 어려움을 겪게 된다 할지라도 그것을 견딜 수 있는 힘이 생긴다. 그들은 어떤 불행이 닥쳐와도 맞설 수 있고 어떤 대적을 만나도 물리칠 수 있으며 어떤 문제가 생긴다 해도 극복할 수 있다. 하나님께서 하나님의 약속과 말씀을 지키시고 보장해 주시기 때문이다.

분명히 하나님께서는 지금도 말씀하고 계신다. 우리들은 순종하는 자세로 이러한 하나님의 말씀을 들음으로써 '좋은 것'을 택하는 자들이 되어야 한다. 하나님께서 우리 각 사람을 위하여 위대하고 능력 있는 것들을 준비해 두셨기 때문이다.